JN016427

子どもの「こころ」をのぞいてみる

佐久間路子／編著

ぎょうせい

はじめに

子どものひらめき、夢中で取り組む真剣さ、笑顔、泣き顔、悔しい表情など、子どもと一緒にいると、子どもの「こころ」が動く瞬間に出会うことがあります。私自身の思いが揺さぶられるとともに、なぜこんな表情をしているのだろう、どんな思いでいるのだろうと、子どもの「こころ」の中をのぞいてみたくなります。共感するのと同時に、一歩引いたところから自分の頭を懸命に働かせる感じです。子どもの「こころ」をイメージするためには、子どもについて知っていることを増やすことが大切です。そのためには、子どもと関わることがもちろん不可欠ですが、子どもの発達について学ぶことや、保育実践を読むことも、イメージする力に結びついていくと思います。発達心理学や保育を学ぶことの意義は、そこにあると思うのです。

本書では、心理学をベースに保育者養成に関わる方々に知見を伝えていただきたいと思い、白梅学園大学子ども学部発達臨床学科の同僚の先生方、そして子どもを間近で一緒に見てきた共同研究者の坂上裕子先生に執筆をお願いしました。また保育者の今の思いを伝えてほしいと思い、附属幼稚園の先生方に執筆いただきました。先生方のおかげで、子どもの「こころ」を様々な角度から知るためのヒントにあふれた本になりました。

またこのシリーズに声をかけてくださったぎょうせいの出版事業部の方々には、いつも細やかな助言をいただきました。素敵な紙面を構成してくださったこと、心より感謝申し上げます。

この本を通じて、子どもの「こころ」をのぞいてみたいという思い、そしてそのときにいい意味でちょっと引っかかるような知識が、読者の方々の中に生まれることを願っています。

佐久間路子

もくじ

STEP 1

子どもの「こころ」の育ち——発達心理学の知見から

STEP 2

「こころ」の発達に応じた保育者の関わり

STEP 3

子どもとともに伸びる保育者

7

保育者に知ってほしいこと④　子どもの発達をとらえ、保育者の関わり方をよくしていくには　128

＊本書に登場する子どもの名前はすべて仮名です。

STEP 1

子どもの「こころ」の育ち――発達心理学の知見から

最新の発達心理学の知見をもとに、乳幼児期の育ちや特別なニーズのある子どもへの支援について解説します。保育現場での子どもの姿と関連付けて、発達の様子をとらえていきましょう。

1 赤ちゃんのふしぎ――最新の赤ちゃん学の視点から

白梅学園大学　松田佳尚

ここ数十年間の赤ちゃん研究の発展により、「赤ちゃん像」は大きく変わりました。当時思われていたよりもずっと早くから乳児が様々な能力を示すことや、赤ちゃんにしか見えない世界の存在もわかってきたのです。生後数時間ですでに模倣ができるという報告や、見ている図形に応じて異なった色が見えてしまうという生後二～三ヶ月の報告、さらに簡単な足し算や引き算が生後五ヶ月でできるなど、今も多くの新しい研究が発表され続けています。古い心理学的では、「真っ白な紙（タブラ・ラサ）」状態の乳児が経験のみを通じて知覚を獲得し、思考すると考えられていましたが、それが現実にそぐわないのです。

例えば、乳児の運動についても同じことが言えます。生まれたばかりの乳児には「原始反射」と呼ばれる多くの反射運動（原始歩行、吸啜（きゅうてつ）反射、モロー反射など）が知られています。昔の心理学者は、乳児が原始反射を使って周囲とのやりとりを繰り返すことで随意運動（自分の意思で動かす運動）が発現すると考えていました。しかし、乳児は身体に触れられるなどの刺激を与えられなくても、自然に起こる「自発運動」を行っていることが発見されました。[1]自発運動の中でも有名なのが、全身を使った優雅で複雑な運動である「ジェネラル・ムーブメント（GM）」と呼ばれるものです。GMの評価は、脳性麻痺や発達障害の診断にも有効であるという報告が出始めています。今まで乳児の運動と言えば原始反射であると思われていたのですが、そうではなく自発的な運動がメインであり、原始反射はそれに含まれているだけ、ということです。

このことは育児にも大きく関わることです。乳児は外からの刺激によって初めて動くのだということは、乳児を育てるには外からの関わりがなければならない、という考え方にもつながります。しかし、自発運動説では、乳児は自ら動き、自ら育つのであるという考え方になり、育児観を大きく変えることになります。つまり、乳児は自ら動くことによって他者や周囲の環境を認知するのです。もっとも、乳児が自発的に運動するものだという考え方は医学や心理学以外の、情報工学やロボット工学では当然のことと受け取られています。

このように、何もできない乳児という固定観念が崩れたところへ、今まで心理学や小児科学の研究対象であった乳児について、既存の学問とは違った観点から見つめ、発達のメカニズムを明らかにしようという新しい動きが出始めました。物理学や数学、工学、社会学といった研究者が乳児の研究に興味を持ち始め、さらには発展著しい脳科学が追い風となり、総合的な学問分野として、二〇〇一年に赤ちゃん学会が設立されました[2]。本節では、一般に認められている知見だけではなく、最近の研究知見を織り交ぜながら、赤ちゃん学の一端を紹介していきます。

1 乳児が見る世界、聞く世界

乳児の視力はどれくらいでしょうか。新生児の視力は〇・〇一～〇・〇二くらい、二ヶ月児で〇・〇五くらい、六ヶ月で〇・一ほどになります。その後急速に発達し、一～三歳でほぼ一・〇にまでになります。このように、成長とともに発達する能力がある一方で、音源定位（音のする位置の同定）などはU字型の発達をすると言われています。生後二、三日ですでに、真横から提示される音に対して、目や頭を音源の方向に動かす定位反応を示すにもかかわらず、生後二～五ヶ月になると定位反応を示さなくなります。そしてその時期を過ぎる頃になると再び音の方向に首を振るようになります。このように、できたことが一旦できなくなり、再びできるようになる発達変化をU字型の発達と呼びます。乳児期初期に見られることの特徴的な発達変化は、他の現象においてもしばしば見られるもので（例：歩行など）、その原因は行動の脳内制御が皮質下から大脳皮質へと移行するために生じると考えられています。

では幼い頃の経験は重要なのでしょうか。生後初期に、角膜や水晶体が何らかの原因によって混濁している子は、明暗や多少の色の区別ぐらいしかできません。その後、成人してから手術によって混濁を除いたとしても、形の区別は非常に困難です。たとえ目が見える前から触覚的になじみのある物体であっても困難となります。人の顔の識別も、そもそも顔として見ることが困難です。さらに視野も狭い。発達初期の視覚経験がその後の視覚の発達にとって重要であることを示す一例です。

人の後頭部の脳には、視覚野と呼ばれる目から入った信号を処理する部分があります。事故や病気で視覚野が損傷を受けた場合、視覚機能の一部が失われます。では反対に、生後の初期からそもそも視覚野へ信号が入ってこない、視覚障害の場合はどう

なるのでしょうか。先天的視覚障害者が指先で点字を読んでいるときの脳活動を機能的MRI（fMRI）で計測した研究によると、通常は触覚刺激では活動しないはずの視覚野が活発に活動します。つまり、使われなくなった視覚野が触覚刺激の処理に回されているのです。同様の現象として、先天的聴覚障害者は、相手の手話の動きを見ることによって聴覚野が活動することが知られています。このように、発達初期における私たちの脳は、柔軟に環境に対処しています。これを神経の「可塑性（かそ）」や、「再組織化」などと呼びます。

2 乳児は目が合った顔が好き、マザリーズが好き、なんのため？

乳児に限らず、私たちは多くの人たちと共に社会生活を営んでいます。そのため、相手を正しく認識し、相手の表情や意図を正確に素早く読み取ることが重要です。そのとき、健常者であれば一番の判断材料となるのが顔です。顔の認識には私たちの脳のうち、皮質下の回路と大脳皮質の回路の両方が関与していると考えられています。すでに新生児の段階で、顔や、顔に類似した映像を好んで見ることが知られています。皮質下の脳は、大脳皮質よりも処理が粗いため、細かい顔の違いがわからないようですが、ずっと初期の段階から発達しており、おそらく新生児期の顔認知に関与する脳は主に皮質下だと考えられています。一方で、顔の細かな違いなどを見分けるのには大脳皮質が関与していると考えられています。相貌失認という病気は他人の顔を見分けることができない病気ですが、この病気は大脳皮質の一部に損傷が生じたときに起こる病気であることが知られています。

乳児は好んで顔を見るだけでなく、目線の合った顔を好むことも知られています。他にもマザリーズ（対乳児音声）、モーショニーズ（対乳児誇張動作）、乳児の動作に随伴的な大人の応答、名前の呼びかけなどが、乳児の好むものとして挙げられます。

これらに共通しているものは何でしょうか？ 実はすべて、相手に自分が情報を伝えようとしている「コミュニケーション意図」なのです。大人側はほとんど無意識で自然に行ってしまうコミュニケーション行動ですが、乳児が好むこのはっきりとわかりやすい動作によって、乳児は相手のどこに注目すべきかを効率よくとらえることができます。重要なことと、

そうでないものを選択することで、相手の発する情報を効率よく受け止め、社会的な学習が促進しているというわけです。これを「無意識の教育法」とか「自然な教育法」(ナチュラル・ペダゴジー)理論と呼びます。[3] その社会における知識や技能の伝達は大人(養育者や保育者)と乳児の自然なコミュニケーションの中で達成されるということの理論は、チブラ博士とゲルゲリィ博士によって提唱され、発達心理学だけでなく、教育学や哲学といった多岐にわたる研究分野から注目されています。

アイコンタクト、マザリーズ、モーションニーズ、随伴的な応答、名前の呼びかけといった、乳児が好むはっきりとわかりやすい動作によって、コミュニケーションの「開始の合図」や「場」ができると乳児は学習する準備が整います。そこに続いて起こる大人の行為に注目することで社会的な学習が促進されます。

少し例を挙げてみましょう。自己—他者—対象の三項

A－not－Bエラーとは？

2つの箱を用意します。乳児(約9ヶ月齢)の目の前で、片方の箱(箱A)にオモチャを入れ、中のオモチャを探してもらいます。これを何度か繰り返したあと、今度はもう1つの箱(箱B)にオモチャを入れ、再び乳児に探してもらいます。目の前で箱Bにオモチャが入るのを見ているにもかかわらず、箱Aを探してしまう現象です。

関係に気付く共同注視は生後九ヶ月頃に見られます。しかし事前にアイコンタクトやマザリーズを行っておくと、生後六ヶ月の乳児でも共同注視を行うという研究報告があります。事前にコミュニケーションの「場」を作っておくことで、脳波のパターンが変わった、長期記憶が促進されたなどの研究も次々に発表されています。有名なA-not-Bエラーも事前にアイコンタクトがあったからこそ、乳児が間違ってしまうのだそうで、アイコンタクトを行わずに試してみると、エラーが少なかったという報告もあります。

以上のように紹介してきた、大人が無意識で自然に行ってしまうコミュニケーションの開始合図ですが、乳児が目の前にいてこその行動であり、いなければ出てくることはありません。つまりその「場」を作っているのは乳児の存在そのものです。ともすれば乳児をいかに育てようかあるいは育てなければならないかという議論が繰り返されている中で、乳児が作り出す「場」についても考える必要があります。育てられるだけの乳児ではなく、乳児も社会の一員として場を育んでいるのではないでしょうか。むしろ私たち大人は、乳児よって育児させられているのではないかと思うのです。こうした視点に立って、乳児の不思議を研究し、育児に役立てていけるように情報提供するのが私たち研究者の役目だと思います。

3 赤ちゃんの言葉の発達のふしぎ

　前述のマザリーズは大きく分けると「音の部分」と「言葉の部分」に分けられます。[4] 音の部分は声の高さや抑揚などで、私たち大人はついつい高い声やゆっくりした声、リズミカルな声で赤ちゃんに話しかけてしまいます。先ほどのコミュニケーションの開始の合図として知られているのは、音の部分です。もう一方の、言葉の部分は擬音語や擬態語（オノマトペ）の使用です。「わんわん」や「ねんね」などのオノマトペは、保育現場でよく使われているのではないでしょうか。以前、乳幼児向けのオノマトペを「幼児語」と呼び、使いすぎは乳幼児の言語発達を阻害するのではないかという社会的論調がありました。しかしその後、オノマトペはその特徴からむしろモノと言葉の結びつきを強め、モノの認識を早める、早期から言葉の理解を助けるといった研究報告が続き、その論調はすっかり影を潜めました。基礎研究の大切さを示す一つの例です。

　他にも、今までの固定観念が変わるような研究成果があります。おおよそ二〇ヶ月齢になると、多くの赤ちゃんで「語彙爆発」が起こり、話せる語が急に増え続ける現象があります。語彙爆発より前の時期では、話せる言葉が少しずつ増えていって比較的ゆっくりと発達しているようです。ところが、同じ赤ちゃん一八名の発達を追い続けた研究で、語彙爆発時期より前の「ゆっくりした発達」の時期に注目したところ、話す言葉が増える時期と時期の間に、話せる言葉が全く増えない、見かけ上「発達していない」時期があることがわかりました。[5] この空白の時期を取り除くと、語彙爆発の前と後で言葉の増え方に違いはなかったのです。増え方は一人一人の赤ちゃんで異なっていました。つまり話す語彙の数は爆発しておらず、はじめから同じ速度で増えていく。ただ語彙爆発より前の時期では「不思議な空白期間」があるのです。この空白期間に赤ちゃんの中で何が起こっているのかは、まだわかっていません。これからの研究結果が楽しみなところです。

1 Prechtl,H.F.R. & Nolte,R.(1984). Motor behavior of preterm infants. In H.F.R. Prechtl (Ed.), Continuity of neural functions from prenatal to postnatal life (Clinics in developmental medicine no.94, pp.79-92). London: Spastics International Medical Publication.
2 小西行郎・遠藤利彦編『赤ちゃん学を学ぶ人のために』世界思想社、二〇一二年
3 Csibra,G., & Gergely,G.(2011).Natural pedagogy as evolutionary adaptation. *Philosophical Transactions of the Royal Society B* 366, pp.1149-1157.
4 松田佳尚「対乳児発話(マザリーズ)を処理する親の脳活動と経験変化」日本赤ちゃん学会『ベビーサイエンス』Vol.14、二〇一五年、二二一―三三頁
5 小林哲生・南泰浩・杉山弘晃「語彙爆発の新しい視点:日本語学習児の初期語彙発達に関する縦断データ解析」日本赤ちゃん学会『ベビーサイエンス』Vol.12、二〇一三年、四〇―五五頁

2 愛着形成と発達

白梅学園大学　**江上園子**

「愛着」という言葉を聞いて、どんな印象を持ちますか。「故郷に愛着を抱く」「愛着のあるぬいぐるみ」など、我々はこの「愛着」という言葉を日常的に使っていると思います。一方で発達心理学における「愛着」は、郷愁や愛情というよりも、むしろ「くっつくこと」が一番近い意味を持ちます。これは、どういうことでしょうか。なぜ、発達心理学で「愛着」の研究がこれだけ進展してきたのでしょうか。本節では、子どもの愛着形成とその発達について、近年の知見も含めながら解説していきます。

1 愛着の本来的な意味と意義

冒頭で触れた「愛着」ですが、英語では「アタッチメント（attachment）」と言います。これは、何かをつなぎとめる留め金や、メールでの添付書類のことも指す用語です。発達心理学で研究されている「愛着」も、本来ならばこの「アタッチメント」に近い概念なのです。つまりは「くっつくこと」、その延長として「くっつくことで安心感を得ること」という意味を有します。日本の代表的な愛着研究者の遠藤はこの語源の重要性を主張しています。「愛着」の研究は、イギリスの児童精神科医であるボウルビィ(Bowlby)による第二次世界大戦後の戦災孤児の調査や、当時の劣悪な環境下で育っていた施設の子どもと接する中で体系立てられた「愛着理論」に端を発しています。彼は、乳児が基本的には養育者(保護者)に近づき接触を求めるのは、幼くか弱き個体が自らの生存に関わる安心と身の安全を確保するための、いわば生きていくためには欠かせない一次的な要求であると解釈しました。このように「愛着」を原理に立ち返ってとらえると、愛情や郷愁とはまた異なった概念でありつつ、重要な意義があるものだと理解できるでしょう。

ただし、本節では、本来の「アタッチメント」の語源と意味を踏まえたうえで、皆さんもよく耳にされる「愛着」という言葉に統一して述べていくこととします。

2 愛着を形成する時期と子どもの個人差

それでは、愛着はどのように形成されていくのでしょうか。愛着の発達は四つの段階が仮定されています。【第一段階】は、出生してから二ヶ月から三ヶ月頃までの乳児のときを指します。この時期は、まだ「その人が誰なのか」を把握する能力がありません。特定の人ではなくとも（すなわち養育者ではなくとも）、近くにいる人を目で追ったり、微笑んだりする段階です。この時期はまだ愛着行動を示す相手が限定されていません。【第二段階】は、生後三ヶ月くらいから半年頃までの乳児です。この時期の乳児になると、徐々に、日常的によく接する相手に対して愛着行動を示すようになります。例えば、養育者の声や顔を認識して、他の相手よりも多く微笑んだり声を出したりなどの行動が見られるようになります。【第三段階】は、生後半年から二、三歳頃までの時期です。この時期の間には、ほぼ、相手によって異なる態度や行動が見えてきます。家族には愛着行動を示しながらも、見知らぬ人には警戒した態度を見せることもあります。このとき、何か怖い事態に直面したり、緊張したりすると、子どもが自分の愛着対象、いわば、安全基地へと近づき、接触を求める様子がわかるはずです。最後の【第四段階】は、三歳前後以降です。この時期になると、子どもはすぐそばに愛着の対象となる人物がいなくても、イメージの中でその人物に近接し、そのイメージの中の人物が安心感を確保させ、安全基地として機能し得ます。すなわち、この段階になると、子どもは愛着対象と離れていても心理的に安定していられるのです。

それでは、年齢が同じであれば、子どもは皆同じような愛着行動を示すのでしょうか。

アメリカの発達心理学者であるエインスワース（Ainsworth）は、愛着理論に基づきつつ、実際の子どもの個人差について着目し、それを実験観察的な手法で実証しました。具体的には、一歳前後の乳児と養育者が、おもちゃなどはあっても乳児にとっては新奇な場所である実験室に入り、養育者と分離させたり、見知らぬ人物（実験者）に会わせたりするなどの場面を設定して乳児の反応を観察するという「ストレンジ・シチュエーション法」を考案し、子どもの愛着のタイプの違いを検出することに成功しました。

この方法で、子どもの愛着のタイプをAタイプ（回避型）・Bタイプ（安定型）・Cタイプ（抵抗型）の三つに分類することができます。Aタイプは、養育者との分離場面での混乱が見えづらく、再会場面でも近接する程度が少なく、Bタイプは、分離場面では泣いて養育者の後追いをしますが、再会場面では近接すると容易に慰められます。Cタイプは、分離場面で激しく抵抗し、再会場面でもなかなかなだめられない子どもたちです。しかし、「分類不可能」な子どももいます。メイン（Main）とソロモン（Solomon）はそのような子どもたちにある一定のパターンを見いだし、Dタイプ（無秩序・無方向型）と名付けました。この子どもたちは、行動に説明や解釈がしづらく、社会的に孤立している家庭や十代で親になりながらも支援が得られない場合などのハイリスクサンプルに多く見られると言われています。

3 愛着形成の対象とは

ここまで読み進めてきて、皆さんは子どもの愛着の対象を誰だと想定されましたか。おそらく、かなりの方が、子どもの愛着の対象は養育者の中でも母親であり、むしろ母親以外に誰がいるのか、不思議に感じられているかもしれません。しかし、すでに近年の愛着研究では、母親以外の人物も子どもの愛着対象に十分なり得るということ、むしろそれが自然であるということがわかってきています。

例えば、父親はもちろん、祖母など他の近しい大人とも愛着関係を築けます。それだけではなく、まだ幼いきょうだいのことも愛着の対象として認識し得るのです。右の写真は四年前の筆者の子どもたちです。妹(二歳)が泣いていたのですが、姉(五歳)に抱っこされているうちに泣きやみ、やがて笑顔になりました。姉が妹の安全基地になっているという証拠です。

4 子どもとの愛着関係を築くために

子どもと愛着関係を形成するのに、立場は関係ありません。家族や血縁関係になくとも、愛着は結べます。実際に、海外では子どもと保育者との愛着関係について扱った研究が多くあります。ハウズ(Howes)は、その子どもにとっての愛着の対象者になるための基準を三つ挙げました。一つめは、身体的・精神的なケアをしている人物であり、二つめは、その子どもの生活の中にいる存在で、持続性があること、三つめは、子どもに対して情緒的に関わっていることです。すなわち、これら三つの条件を満たしている保育者であれば、十分、子どもの愛着対象として成立しますし、実際にそのような保育者は多く、皆さんも目にしたことがあるでしょう。あるいは、皆さんこそがそのうちの一人かもしれませんし、これからそのうちの一人になっていかれるのかもしれません。子どもにとっての安全基地は、一つである必要はありません。むしろ複数の安全基地がある方が、それらが子どものセーフティネットとして機能することを考えると、子どもの安心感の確保と維持において、好ましいものだと言えるでしょう。

〈参考文献〉
・数井みゆき・遠藤利彦編著『アタッチメント　生涯にわたる絆』ミネルヴァ書房、二〇〇五年
・数井みゆき・遠藤利彦編著『アタッチメントと臨床領域』ミネルヴァ書房、二〇〇七年

3 心を知ること──心の理論の発達

白梅学園大学　佐久間路子

子どもの心をのぞいてみると、何が見えるのでしょう。心は実体がないので、そもそものぞくことはできないかもしれません。それでも私たちは、人は心を持つ存在であると仮定して、他者の心に思いを巡らせています。目には見えない他者の心について、表情、行動、言葉から、他者の思いや考えを想像したり、他者の行動を予測したり、説明したりできます。このような心についての原理やルールを理解することは「心の理論」と呼ばれ、研究が進められています。では、子どもはいつ頃から他者の心について理解し始めるのでしょうか。

1 心の理解の発達

心の理解の芽生えは、〇歳代から始まっています。生後三ヶ月頃では、物よりも人に対して笑いかけや発声の頻度が高く、また人の顔の目に対する選好も認められます（ＳＴＥＰ

1-1「赤ちゃんのふしぎ」六頁参照)。

生後九ヶ月以降には、物を一緒に見ること(共同注意)や、相手が指をさす方向を見ることができるようになります。リンゴを指さしている大人とそれを見ている子どものイラストを見てください。子どもは他者の視線や指さしにそって、対象に視線を向けます。この指さしは「ほら、見てごらん」という対象に向けられた他者の意図と考えられます。指さしがわかることは、他者の意図への気付きが芽生えてきたことを意味します。

さらに他者の表情を見て、自分の行動を変化させることができるようになります。例えば、見慣れないおもちゃが、母親と子どもの前方に置かれたとき、子どもは、母

親が不安そうな表情をしているのを見ると、おもちゃに近づかないのに対して、笑顔ならば近づきます。これは「社会的参照」と呼ばれ、子どもは、他者が何に対してどんな気持ちであるかを、自分の行動の手がかりにすることができるのです。

心に関する言葉は、二歳頃から「○○がしたい」「○○がほしい」のような欲求に関する言葉を使うようになります。一方、「知っている」「わかった」などの信念に関わる言葉は、三歳過ぎから話すようになります。このように心に関する理解は、欲求、信念の順に進み、さらにより複雑な誤信念についての理解が進んでいきます。

2 他者の思い込みを理解する（誤信念理解の発達）

心の理論を調べる課題の一つに、誤信念課題があります。子どもは、次のような話を聞いて、質問に答えます。

「サリーは、かごにビー玉をしまって、外に遊びに行きました。そこにアンがやってきて、かごからビー玉を取り出し、箱に移しました。そして外に出て行きました。しばらくして、サリーは外から戻ってきました。サリーはビー玉で遊びたいと思いました。」

質問：「サリーは、箱とかごのどちらをさがしますか？」

この課題の正答は、「かごをさがす」です。現実にはビー玉は箱の中にありますが、サリーはビー玉がかごから箱に移されたことを知らないので、現実とは異なる誤った信念を持っている（ビー玉はかごに入っていると思い込んでいる）ことがわかれば正解できます。しかし、子ども自身が見て知っている、今ある場所を答えてしまうと、不正解になってしまいます。

誤信念課題は四歳以降に正答できるようになるのですが、この課題に正解するためには、どのような能力が必要なのでしょうか。郷式[1]は、ストーリーの中の登場人物の行動について理解し、覚えておくこと、ビー玉の本当の場所についての自分の知識を抑制する（つい、本当のことを言ってしまわない）こと、自分の知識（ビー玉の本当の場所）から主人公の知識（「ビー玉が元の場所にある」と思っている心の状態）に注意を切り替えること、さらに課題のストーリーを聞いた後に、ストーリーの中のことについて答えるという態度を維持することが必要であると述べています。筆者がこの課題を四歳よりも小さな子どもに実施したときの様子を思い返してみると、子どもは実際にある場所を知っているので、知らない人のことを想像することが難しかったり、「こっちに入っているよ」と実際にある場所を教えてしまったりする子どもがいました。「見ていないから知らない」「現実とは違ったことを思い込んでいる」という他者の誤信念を理解するうえで、認知の切り替えや知っていることを抑制するといった能力（STEP1-5「感情と感情制御」三五頁の実行機能）が関連していることを実感しました。では次に、実際の保育場面での状況を考えてみましょう。

3 保育場面における心の理解

お昼の時間、子どもたちはホールに移動してお弁当を食べます。筆者がホールにつくと子どもたちの言いあう声が聞こえてきました。Aくんが Bちゃんに向かって「Bちゃん、トイレ行ってないでしょ。お弁当食べる前にはトイレに行くんだよ」ときつい口調で言います。Bちゃんは「今日は行かなくていいって先生が言ってたからいいの」と答えます。それでもAくんは「そんなこと言ってないよ、行くの!」「行かなくていいの!」「行くの!」「いいの!」とどちらも譲らず、Aくんのきつい言い方に、Bちゃんは涙が出てきてしまいました。「行かなくていいって言ってたのに…」と泣いていると、後ろにいたCくんが「先生、今日は行かなくていいって言ってたよ。ぼくも聞いたよ」と落ち着いた口調でBちゃんに語りかけます。Aくんは「でも、僕は聞いてない。先生、言ってないよ」と譲りません。そこでCくんは「お弁当の前、Aくんは先にホールにきてたでしょ。その後に先生がお部屋で言っていたんだよ。そのときAくんは部屋にいなかったから聞いてないんじゃない」と伝えます。Aくんは「でも聞いていないし…」と小さい声でつぶやきながら、その後はBちゃんを責める口調はなくなりました。

これは筆者が観察をしていた五歳児（年長）クラスの一月の子どもの様子です。Cくんは、Aくんは先生が部屋で言ったことを知らないこと、そのために事実とは違う思い込みをしていることを理解して、Aくんが部屋から出た後に起こったことを伝えています。いざこざの当事者ではないからこそ、落ち着いて話ができているのかもしれません。またAくんもCくんの説明を聞いて状況を理解できたようです。他者の考えや意図の理解は、様々な他者と関わる中で、このようないざこざや、それぞれの立場の違いを説明してくれる他者の存在を通じて、より深められていくのだと思います。

1　郷式徹「『心の理論』と実行機能―どのような認知機能が誤信念課題に必要か？」子安増生編著『「心の理論」から学ぶ発達の基礎―教育・保育・自閉症理解への道』ミネルヴァ書房、二〇一六年、二九―四〇頁

4 「わたし」の発達

白梅学園大学　佐久間路子

1 わたしとは何か

皆さんはわたしがわたしであるということがわかっていると思います。それはなぜでしょうか。わたしには、身体があって、名前があって、感情や意識があって、自らが経験した記憶があってというように、わたしを形作るたくさんのことが思い浮かぶのではないでしょうか。では、わたしがわたしであることは、いつ頃から理解できるのでしょうか。

わたし(自己)は、主体と客体という二つの側面からとらえることができます。主体(agency)とは、行動をつかさどる主体としての自己の側面であり、自己の感覚を通して知覚されます。新生児でも自分の手がほおに触れている状態と、他の人がほおに触れている状態を区別できることが実験によって示されており、新生児の頃から環境と自分の身体を区別してとらえられることがわかっています。さらに、乳児が自分の手をじっと見つめること(ハンドリガード)や、自分の手を口に持っていき、その手をなめるなどを通して、自分の身体の感覚は、乳児期を通して発達していきます。

自己の客体的側面は、人から見られている自分を意味します。自己の客体的側面を理解しているかは、鏡に映った自分がわかるかどうかを調べる実験が用いられます。この実験では、子どもに気付かれないように鼻の頭に口紅を塗り、子どもに鏡を見せます。そのときに鏡ではなく自分の鼻の頭につけられた口紅を触ることができたならば、鏡映像を自己と認識していること、すなわち客体的な自己の理解ができているととらえます。鏡に対しては、幼い頃から関心を示しますが、実際に自分の鼻の頭を触るようになるのは、一歳半過ぎから急激に増え、二歳ではかなりの子どもが触るようになります。このように、自己の客体的側面の理解は、主体的側面より遅れて、一歳半以降に進んでいきます。

2 イヤイヤ期と自己

客体的な自己の認識が可能になる一歳半から二歳という時期は、いわゆるイヤイヤ期と重なります。この時期には、歩くことやできることが増えてきて、探索意欲も旺盛になり、自分でやりたいという気持ちが強くなります。またこだわりも強くなり、例えば晴れていてもお気に入りの長靴で出かけたいなど、大人の思いや常識とは異なる主張をします。このような主張はなかなか大人に受け入れてもらえず、大人からの禁止に対して、イヤという気持ちを主張します。このような姿からイヤイヤ期と呼ばれるわけですが、自分の思いを他者に主張すること、また他者から禁止されることは、自分と他者の違いや他者の意識にも気付く機会となり、自己意識や他者意識が明確になっていく重要な時期なのです。

3 幼児期の自己概念

自分がどのような人であるのかについての経験や知識は、自己概念と呼ばれます。子どもを対象にインタビューを行った研究[1]によると、幼児期の自己概念は活動、外見や持ち物、好み（例：「サッカーが好き」「髪の毛が長い」）といった、他者から見える具体的な特徴が中心です。やさしい、かっこいいといった特性を表す言葉も使用できます。また、その内容が概ね肯定的であることが特徴です。自己評価は小学校中学年ぐらいから否定的になっていくのですが、幼児期では多くの子どもが肯定的な自己評価をしています。その理由として、他者の評価を自己評価のために用いるのが難しいこと、幼児期は急速に様々な能力が発達し「前よりできるようになった」という経験を多くすることから、肯定的な自己評価を持ち続けることができると考えられています。

4 自己と時間

幼児期になると、子どもは、過去、現在、未来という時間的な連続性を持つ存在として自己をとらえるようになります。以下では、年少児、年中児、年長児を対象に実施された過去の自分と未来の自分に関するインタビュー[2]をもとに、幼児が時間的な流れの中で自己をどのようにとらえているかを説明します。

自分の過去については、赤ちゃんの頃について、覚えていることや知っていることについて質問しました。年少児は、約三分の一が「わからない」「しらない」と答えました。自分の赤ちゃんの頃のことについて、母から聞いたことを話した子どもも少数いましたが、途中で現在の話に内容が変わったり、「恐竜から産まれた」など想像上の話が入り込んでしまったり、過去について明確に語ることは難しそうでした。一方、年中児と年長児では、自分が見聞きした赤ちゃんの頃の様子について、写真や録画の再現を含め、身振り手振りを添えて、具体的に話す子どもが多数いました。

自分の未来については、一年後の自分についてたずねたところ、年少児では次のクラス（年中）になった自分のことを想像することは難しく、現在の話に戻ってしまったり、噛み合わない話をしたりする子どもが複数いました。年中児では、体が成長することや、年長だからできるようになること（年長児クラスにだけあるおもちゃで遊べることや、年長児が担うリーダーのこと）を憧れを持って話していました。年長児では、一年後の小学校についてしっかりとしたイメージを抱いているためか、「ランドセルを背負う」「ひとりで学校に通う」などより具体的に語る子どもがいました。一方で、未来のことは「わからない」と答える子どももいました。これは「まだ経験していないから」「これから考える」というように、未来は不確かであるというとらえ方ができているためと考えられます。また、「ひとりで学校に行くのが心配」「テストで○点をとったらどうしよう」など、具体的に想像できるからこそ、心配を語った子どももいました。

このように、年少児では過去や未来を語ることは難しいのに対して、年中児では具体的に過去や未来を話すことができ、未来について「大きくなること」への期待を持って語ることができていました。さらに年長では現在とつながる未来を明瞭に思い描くことができるからこそ、不確かさや心配が語られるという特徴が見られました。過去から現在、未来に至る自己の時間的連続性が認識されるのは、年中児頃がポイントになると考えられます。

1　佐久間（保崎）路子・遠藤利彦・無藤隆「幼児期・児童期における自己理解の発達：内容的側面と評価的側面に着目して」『発達心理学研究』11、二〇〇〇年、一七六—一八七頁
2　坂上裕子・佐久間路子の共同研究による。結果の一部は以下で発表されている。坂上裕子・佐久間路子「幼児期における時間的拡張自己の発達(1)(2)」日本発達心理学会第三〇回大会、二〇一九年

5 感情と感情制御――非認知スキルの発達

白梅学園大学　佐久間路子

1 感情の発達

子どもの喜怒哀楽など様々な感情はどのように発達するのでしょうか。以下では、乳幼児期の感情の発達について、ルイスの感情発達モデルに沿って説明します。

生まれたばかりの赤ちゃんには、満足している状態と、苦痛を感じているような状態があり、さらに何かに関心のある状態（興味）があります。生後二、三ヶ月頃には、「喜び」が生じてきます。この時期に赤ちゃんは、人に対して笑顔（社会的微笑）を見せるようになります。また同時期に「悲しみ」と「嫌悪」が生じます。悲しみは、親とのやりとりが中断したときなどに、嫌悪は口の中に苦いものを入れてそれをはき出すときに見られます。

そして生後四～六ヶ月になると、「怒り」が見られるようになります。怒りは、例えば赤ちゃんが腕を動かそうとしているのを無理に押さえつけたとき、その人をにらみつけるような表情を見せるようになります。怒りは、自分がしたいことを邪魔した対象に向けられた否定的な感情です。

さらに怒りより遅れて、「恐れ」が生じます。人見知りなど、見知らぬ人へのおびえが特徴的です。恐れは、安心・安定した状態が脅かされたときに生じる感情で、安心や安定した状態を記憶し、さらに現状との比較ができてこそ生まれてくる感情です。また期待や予測が裏切られるような状況で、「驚き」も見られるようになります。

このように生後半年ぐらいで、基本的な感情（一次的感情）が状況にあわせて適切に表されるようになります。

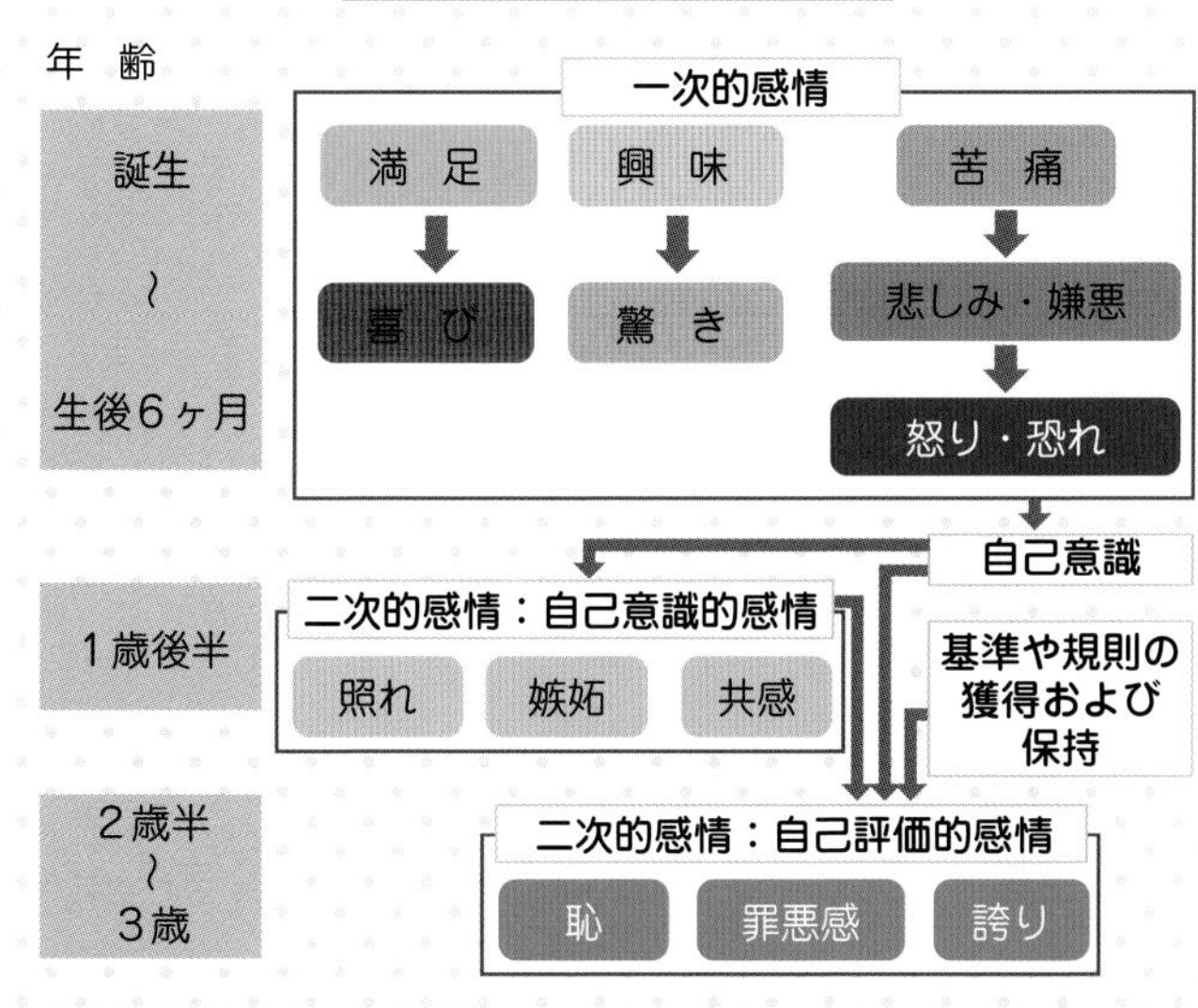

遠藤利彦・佐久間路子ほか『乳幼児のこころ』有斐閣、2011年、p.171をもとに作成

2　自己意識や自己評価と感情

一歳半頃に客体的な自己意識が獲得され（STEP1-4「『わたし』の発達」二四頁参照）、鏡に映った自分がわかるようになり、さらに自分を見る他者の視点にも気付くようになります。この自己意識と共に照れ、共感、嫉妬が見られるようになります。これらは自己意識的感情と呼ばれます。照れは、例えば人前でダンスを踊るなど、他の人から自分が注目されていることに気付くことによって生じます。また共感は、他者の悲しみや苦痛に接したときに、他者へのなぐさめ行動として表されます。嫉妬は、自分にはない

ものを他者が持っていると意識することから生じてきます。

さらに二歳代になると、社会的な常識や規則などに照らし合わせ、「いいこと・悪いこと」に敏感になります。この時期に生じてくる感情は、自己評価的感情と言われ、恥、罪悪感、誇りの三つがあります。ちょうどこの時期には、トイレットトレーニングをしているのですが、子どもはうまくいくととても誇らしげな様子を見せます。一方、途中でおもらししてしまったときは、気まずいような落ち込んだ様子（恥）を見せます。またやってはいけないことをしてしまったときにも、まずいというような（罪悪感の）表情をすることがあります。このように感情の発達は、自己意識や評価の理解と密接な関係があり、三歳代にはとても複雑な感情表現をすることができるようになるのです。

3 感情の制御

感情を豊かに表現することは大切なことですが、自分の中にわきあがってきた否定的な感情に対処することや、他者に対して自分の感情をどのように表すかなど、感情をコントロールすることも大切です。

不快な気持ちになったときに、赤ちゃんの頃は自分だけでは対処できず、親や保育者に抱きしめてもらうことで不快を取り除いてもらいます。一歳を過ぎて、自力で移動することができるようになると、親や保育者に近づいて、くっつくことで自分の不安を調整することもできます。

二歳頃になると親や保育者になぐさめてもらうだけでなく、自ら不安のもとを取り除くような行動や、自発的に気を紛らわすような行動が見られるようになります。ただしこの頃には、自己主張が強くなる時期、いわゆるイヤイヤ期が訪れます。この時期にはうまくできないときや、大人から自分の行動を否定されたときには泣いたりかんしゃくを起こしたり、否定的な気持ちでいっぱいになります。言葉が未発達であることも伴い、自分の嫌な気持ちをうまく対処することが難しい時期です。

幼児期になると、他者との関係の中で、感情を制御する力が高まっていきます。例えば他者がくれたプレゼントがあまり欲しくない物だったとしても、他者に対してがっかりした表情を見せないなど、他者を配慮した感情の制御がある程度できるようになります。

また、目標に向けて自分の気持ちや欲求をコントロールする力も高まってきます。例えば、マシュマロテストと呼ばれる実験では、実験者が部屋からいなくなってしまう状況で、目の前にあるお菓子を今すぐ食べれば一つだけ、戻ってくるまで待てれば二つ食べられるという条件があるときに、食べたいという気持ちを抑えて待つことができる時間を測ります。三歳児では二分程度なのに対し、五、六歳児では一〇分待つことができる子どもが増えてくることが示されています。この結果には、脳の前頭前野の働きである実行機能、特に抑制機能が、三歳から五、六歳にかけて成長していくことが関連しています[1]。

4 園生活と感情の制御

筆者が園庭で四歳児クラスの子どもの様子を観察していたときのことです。SちゃんとNちゃんのいざこざが起こりました。Sちゃんが、Nちゃんがたくさん持っているボールを一つ貸してと言いに来たのですが、Nちゃんは「ダメ」「やだ」と強く言い続けて、Sちゃんが泣いてしまったのです。怒っているNちゃんに、筆者が「Sちゃんもボール使いたかったみたいだよ」と話しかける

と、Nちゃんは「わかっている！ けど、いやなの！」とボールをぎゅっと抱いて答えました。Nちゃんの言葉から、わかっていても簡単に気持ちは収まらないのだと、気持ちを制御する難しさを実感しました。その後Nちゃんはボールを持ったままじっとしていたのですが、少したってから、Sちゃんと一緒にボールで遊び始めました。きっと一人で嫌な気持ちでたくさんボールを持っているよりも、Sちゃんと一緒に遊ぶ方が楽しいと思えたのではないでしょうか。自分なりに気持ちに対処をする姿が見られた場面でした。このように仲間との感情や思いのぶつかり合いを通して、自分の気持ちや他者と折り合いをつけることを体験しつつ学んでいきます。

5 非認知スキルとしての感情制御

感情をコントロールする力は、ＩＱなどの頭の良さ（認知スキル）に対して、非認知スキル（社会情動的スキル）と呼ばれます。感情をコントロールすることは、目標達成につながる重要な力です。なぜならば、不安や怒りなどの否定的な感情は、他者との関係へ影響を及ぼすだけでなく、その感情によっていつもできることができなくなったり、落ち着かなくなったりして、自分の力を十分に発揮できないことにつながるからです。さらに飽きてきたり、他のことに気が散ったりしそうなときも、それらの誘惑に負けずにいることも大切です。感情をコントロールすることは、不快な感情に邪魔されずに、物事に集中して取り組むことや、目標達成に向けて粘り強く取り組む力と密接に関係するのです。

もちろんこれらの力は容易に身に付いていくものではありません。自分の気持ちに向き合い、他者と関わる経験を通じて、失敗を繰り返しながら、育っていくものです。だからこそ、これら感情に関わる様々な力は、園生活を通じて育てていきたい重要な非認知スキルなのです。

1　森口佑介著『自分をコントロールする力―非認知スキルの心理学』講談社現代新書、二〇一九年

6 保育者が理解することの大切さ
――ASDの発達特性

白梅学園大学　廣澤満之

1 自閉スペクトラム症児の発達をとらえる

この節では、特別なニーズのある子どもの支援について、自閉スペクトラム症（以下、ASD：Autism Spectrum Disorder）の子どもの支援を中心に考えていきたいと思います。

保育や教育の現場で、ASDの子どもについて、〝発達の遅れがある〟と言われることがあります。この〝遅れ〟とは、発達がゆっくりということなのでしょうか。発達支援の領域では、典型的な発達のことを定型発達と言います。ASD児の発達過程を理解する際には、定型発達を目安としつつも、ASDならではの発達過程をとらえる必要があります。

ASDは、アメリカ精神医学会の診断基準（DSM-5）によれば、①対人的相互反応の質的障害、②常同行動や儀式的行動といったこだわり行動によって特徴づけられる障害です。[1]①であれば、視線の合いにくさ、指さしの使用や共同注意の困難といった人とのやり取りの課題です。②であれば、身体を前後に揺らす行動の繰り返し（ロッキング）、同じパターン

への執着などが挙げられます。保育現場で考えると、一人遊びの多さといった課題や、突然の予定変更に対するパニック、などが多いのではないでしょうか。

それでは、このような特性を〝発達の遅れ〟ととらえてよいのでしょうか。もしも〝遅れ〟であるならば、ASD児は他の子どもたちと同じ発達の道筋をたどって成長していることになります。しかしながら、ASDの発達特性をみると、〝遅れ〟ではとらえられない発達の様相があります。

例えば、オウム返し（エコラリア）を例に挙げます。定型発達の場合、他者の言葉を真似するオウム返しは二歳六ヶ月頃に多くなり、三歳頃には消失していきます。これは、他者の言葉の意味が理解できないときに、会話のターンを満たすために行われるものです。一方で、ＡＳＤ児のオウム返しは実に多様です。例えば、他者の言葉をすぐに真似する即時性エコラリア、記憶しておいて時間が経ってから出てくる遅延性エコラリアの二種類に分かれます。さらに、意味も多様であり、他者の意味がわからないから出るものもあれば、「はい」という意味を込める場合、言葉遊びのようにテレビのＣＭを真似するものなど十種類以上あります。

この例で明らかなように、ＡＳＤ児の発達は単純な〝遅れ〟とは考えられません。オウム返しだけではなく、指さしの獲得過程なども含め、ＡＳＤならではの特性があります。重要なことは、このようなＡＳＤの特性とその発達過程を理解することです。一方で、発達にはその子ならではの個人差があること、定型発達との差は明確なものではなく、スペクトラムとして理解する必要もあります。つまり、〝発達特性〟と〝個別性〟という二つの視点から理解していくことが重要であると考えられるのです。

2　幼児期に重要な他者と出会うこと

ＡＳＤ児の初期発達過程を研究した山上（一九九九）によると、一歳後半頃は、視線の合いづらさ、オウム返し、常同行動といったＡＳＤの特性が顕在化する時期とされています。そして、「全般的な認知発達遅滞なのではなく、（中略）情緒的な安全基地でありかつ外界探索の基地でもある、対象関係の形成[2]」に課題があると述べています。つまり、大人の存在が重要であるということです。

それでは、幼児期にどのような大人が必要なのでしょうか。自閉症者の回想録から考えます。森口奈緒美さんの回想録によると、「幼児のころの私には、『親』という概念がぜんぜんなかったらしい[3]」と記述されています。あるとき、母親が大好きなキャラクターの絵を描き、そこにエアブラシで型紙を置き換えながら森口さんの大好きな星をたくさん描いてくれました。それについて、「このときに生まれて初めて、私は『母』を認識した。そして、その母を、とても好きになった。それまでは母の存在など、まっ

たく眼中になかったのだ」[3]と書いています。ＡＳＤ児・者の回想を読むと、このように他者からすると強いこだわりと理解される行動の〝理解者〟の存在に気付きます。森口さんの回想を読むと、こだわりの世界を一旦は理解しようとしてくれた人と、社会のルールを当てはめようとした人に二分されて記述されていることがわかります。

先の山上の研究を併せて考えてみます。まず、幼児期にＡＳＤ児が大人を重要な他者であるととらえる必要があります。そのためには、ＡＳＤ児が没頭しているこだわりの世界をＡＳＤ児の文脈から理解しようとすることが重要になります。そして、こだわりの世界から〝みんなの世界〟に連れ戻そうとする関わりではなく、まずは、一緒にこだわりの世界を楽しむ保育者が存在することが必要となります。そして、その重要な他者に様々な要求行動ができるようになった段階を経て、いわゆる社会性を獲得する段階へと成長していくと考えられます。

ＡＳＤ児の行動は、他者にとって意味がわかりづらいものが多いという特徴があります。これは、保育者によって理解に幅が生じることを意味します。その理解の幅は解釈の幅が広がるという肯定的な面もありますが、一方で、理解できない（しようとしない）保育者も生まれることを意味します。したがって、一見理解しがたい行動に対して対応方法ばかりを考えようとするカンファレンスではなく、解釈の幅が広がるようなカンファレンスを行うことが大切です。

ＡＳＤ児の保護者にとってはどうでしょうか。保護者によってはＡＳＤの特徴的な行動の意味が全くわからないかもしれません。また、ネットで調べたその行動がＡＳＤの特性であるなら、それを否定したいという気持ちから止めさせようとする保護者もいるでしょう。保護者の障害受容を研究している一瀬（二〇一二）は、発達に障害がある子どもの保護者が「わが子と分かり合える実感」[4]を持つことの重要性を指摘しています。保育者は保護者とともに、一見するとわかりにくいＡＳＤ児の意味世界を理解していく役割があります。それが、保護者にとって新しい気付きへとつながっていきます。近年では、このような役割を同じＡＳＤ児を育てている先輩の保護者が行うペアレント・メンター活動が注目を集めています。保育現場だけではなく、親の会といった地域の力も重要であると言えるでしょう。

1　アメリカ精神医学会『ＤＳＭ-５　精神疾患の診断・統計マニュアル』医学書院、二〇一四年
2　山上雅子著『自閉症児の初期発達―発達臨床的理解と援助―』ミネルヴァ書房、一九九九年
3　森口奈緒美著『変光星―ある自閉症者の少女期の回想』飛鳥新社、一九九六年
4　一瀬早百合著『障害のある乳幼児と母親たち―その変容プロセス』生活書院、二〇一二年

7 読み書きや数の理解と発達支援
――LDの発達特性

白梅学園大学　橋本陽介

日々の保育や子どもたちとの関わりの中で、周りの子どもたちと比べて、極端に、文字や数字への興味がなかったり、絵を描くことが苦手だったりする子どもがいるかもしれません。保育者としては、そのような姿を見て、小学校入学後の学習が心配になることがあると思います。時には、知的発達に遅れはないものの、聞く・話す・読む・書く・計算する・推論するの特定の力に困難を示す、学習障害（LD）ではないかと疑うこともあるでしょう。

小学校入学後における国語や算数といった教科学習への準備性（レディネス）は、幼児期の生活経験に基づいて形成されていきます。では、いったい、どのような経験が教科学習に結びついていくのでしょうか。本節では、「文字の読み」「文字の書き」「数の概念」に焦点を当てて、必要とされる力とその発達を促す取り組みについて、具体的に見ていきたいと思います。

1 文字の読み

文字の読みにつながるレディネスには、ことばの音に着目する力である「音韻意識」が必要になります。

具体的には、まず、ことばを一つ一つの音に分ける「音節分解」の力が必要になります。つまり、〝サカナ〟と聞いて〝サ〟・〝カ〟・〝ナ〟という三つの音からできているとわかることです。この力は、日々の関わりの中で、実際にことばを言わせながら一音ずつ手拍子をさせてみること(〝サカナ〟と言いながら、手拍子が三回打てる)によって、育っていることが確認できます。

次に、分解した音の中から一つの音を取り出す「音韻抽出」の力も育っていることを確認するとよいでしょう。つまり、〝サカナ〟と聞いて、最初の音(語頭音)は〝サ〟、最後の音(語尾音)は〝ナ〟とわかることです。この力は、日々の遊びの中で、しりとり(他人が言ったことばの語尾音を抽出して、自分が言うことばの語頭音に位置付ける)遊びを行ってみると、育っていることが確認できます。

これら二つの力が育っていれば、文字の読みにつながるレディネスとしての「音韻意識」は、十分であると言えます。これだけ、ことばの「音」に着目して、自由に使いこなすことができれば、あとは「文字の形」と「音」の対応によって、文字の読みが可能になります。なお、年長から就学直前までに、ひらがなの清音が読めていれば十分と考えてよいでしょう。

この「音韻意識」の発達を促すためには、すでにお気付きかもしれませんが、手拍子をつけながらしりとり遊びに取り組むことが、最も手軽で効果的であると言えます。その他、「じゃんけんグリコ（じゃんけんの勝ち手に応じて歩を進める）」や「逆さことば」「サイコロの目をことばにしたすごろく（「ぞう」で二マス、「キリン」で三マス進む）」などの遊びも効果的であると考えられます。

2 文字の書き

文字の書きにつながるレディネスには、目で見ながら手を動かす力である「目と手の協応」が必要になります。具体的には、丸・三角・四角をきれいに書き写す（模写）の力が必要になります。そして、最終的には、すべてが斜めの線で構成されている〝ひし形〟をきれいに模写で

きる力が必要になります。この力は、日々の保育の中で、絵を描く際にさりげなく観察し、また発達を促すためにも取り入れやすい活動になると考えられます。

また、手を動かす方向にも注意が必要となります。利き手に関係なく、横線は左から右へ、縦線は上から下へ、丸は右回りに描けることが必要になります。なぜなら、基本的にひらがなは、すべてこれらの方向で運筆が構成されているからです。これらが逆になっていると、逆さ文字や反転文字を書いてしまうこともあるので、注意して観察しましょう。

これらの目と手の協応や手を動かす方向の発達を促すためには、先ほども述べたように、絵を描く保育活動の中に取り入れたり、砂場遊びの際に図形を描いたりすることなどが考えられます。文字そのものを書く練習にこだわらず、就学前までにその基礎となる力をしっかり育ててあげることを心がけましょう。

3 数の概念

就学後の算数学習につながるレディネスには、10以上の数の理解を基本として、「数を操作する」「数の保存を理解する」力が必要になります。加えて、「物事を系統化し、順序立てて考える」力も必要になります。

具体的には、まず「数を操作する」力として、1から数を唱える(数唱)、数とモノを対応させながら数える(計数)、いくつあるかを聞かれて数えた数字の最後のみを言う(概括)、指示された数と同じ個数を取り出す(抽出)の四つの力が必要になります。

また、「数の保存を理解する」力は、例えば並べられた五本のクレヨンを「計数」「概括」した後に、保育者がクレヨンの間隔を広げ、再びいくつになったかを聞かれて「同じであること」を理解していることで確認できます。「物事を系統化し、順序立てて考える」力は、背の順に並ぶ、大きい皿の上に小さい皿を重ねていくなど、長さや大きさといった一つの要素を基準に順序化していく力になります。

これら数の概念は、日々の園生活のあらゆる場面で確認することができます。また、その発達を促すためには、日々の給食やおやつの際の当番活動などで、積極的に取り入れることができると考えられます。

4 学習障害(LD)などが疑われる場合に

これまでに述べてきた教科学習へのレディネスに関わる力は、あくまでも目安であり、すべてを完璧に就学前までに身に付けていなくてはいけないものではありません。子ども一人ひとりに個人差があることを念頭に置きながら、確認していきましょう。

しかし、日々の関わりの中で、特に年長クラスでは、とりわけ気になる子どもがいるかもしれません。その際は、保護者とともに、家庭生活での困り感と合わせて共有し、必要に応じて、専門機関で知能検査などを実施することをお勧めします。そうすることで、対象となる子どもの認知（外界からの情報のとらえ方、頭での処理の仕方）の特性が明らかになります。また、専門機関によっては、保護者に対して、実施した知能検査などの検査所見を配布している場合があります。保護者の承諾が得られるようであれば、保育者もその検査所見に目を通し、その子に合った情報呈示（言葉がけや視覚的支援など）の仕方についてヒントを得るとよいと思います。また、万が一、検査所見の内容が、対象となる子どもの日々の姿と異なる場合には、専門機関に遠慮なく相談しましょう。そうすることが、専門機関と連携しながら、対象となる子どもの得意・不得意を深く理解する一歩につながっていきます。

〈参考文献〉

・丸山美和子「教科学習のレディネスと就学期の発達課題に関する一考察」佛教大学社会学部論集(32)、一九九九年、一九五―二〇八頁

STEP

2

「こころ」の発達に応じた保育者の関わり

ＳＴＥＰ2では、乳幼児期の保育の基本について、ＳＴＥＰ1の乳幼児期の発達を踏まえて、保育所保育指針と幼稚園教育要領に基づき「こころ」の育ちとそれに応じた環境設定や保育者の関わりについて、解説します。

1 乳児保育の基本と保育者の関わり

白梅学園大学 佐久間路子

乳幼児期の発達の特性と保育

保育所保育指針では「保育に関する専門性を有する職員が、家庭との緊密な連携の下に、子どもの状況や発達過程を踏まえ、保育所における環境を通して、養護及び教育を一体的に行うことを特性としている」と書かれています。養護とは「子どもの生命の保持及び情緒の安定を図るために保育士等が行う援助や関わり」であり、教育とは「子どもが健やかに成長し、その活動がより豊かに展開されるための発達の援助」を指します。現行の保育所保育指針では保育の内容（主に教育に関わる側面）が、乳児保育、一歳以上三歳未満児の保育、三歳以上児の保育に分けて示されています。この区分は、乳幼児期の発達を踏まえると、意味のある区分と考えられます。

発達心理学において乳児期は、生まれてから最初の一年間、〇歳代を指します。乳児は英語でinfantですが、この語源は「言葉を持たないもの」という意味です。赤ちゃんは大人に世話をしてもらわないと生きていけないくらい未熟な状態で生まれ、大人が使うような言葉を話すまでに一年近くかかるわけですが、大人から養育を引き出す仕組みを持ち、世界を認識するための様々な感覚が備わっています。またこの一年間で、コミュニケーションの側面や運動発達の側面で著しい変化が生じます。そして特定の大人との愛着が形成される時期でもあります。

このような乳児期の発達の特性を踏まえると、乳児保育においては、養護の側面（「生命の保持」「情緒の安定」）が特に重要です。あわせて養護と教育の一体性をより強く意識する必要があります。一方、この時期の教育に関わる側面については、発達が未分化な状況であるため、生活や遊びが充実することを通して子どもたちの身体的・社会的・精神的発達の基盤を培うという考

え方に基づき、乳児の保育のねらい及び内容は「健やかに伸び伸びと育つ」「身近な人と気持ちが通じ合う」「身近なものと関わり感性が育つ」の三つの視点からまとめられています。この視点は、一歳児以降の五領域と下図のような重なりが想定されています。

情緒の安定

乳児が保育所で過ごすうえで、安定感・安心感を持つことがとても大切です。ですが、子どもにとって保育所は初めからそのような場所ではありませ

0歳児の保育内容の記載のイメージ

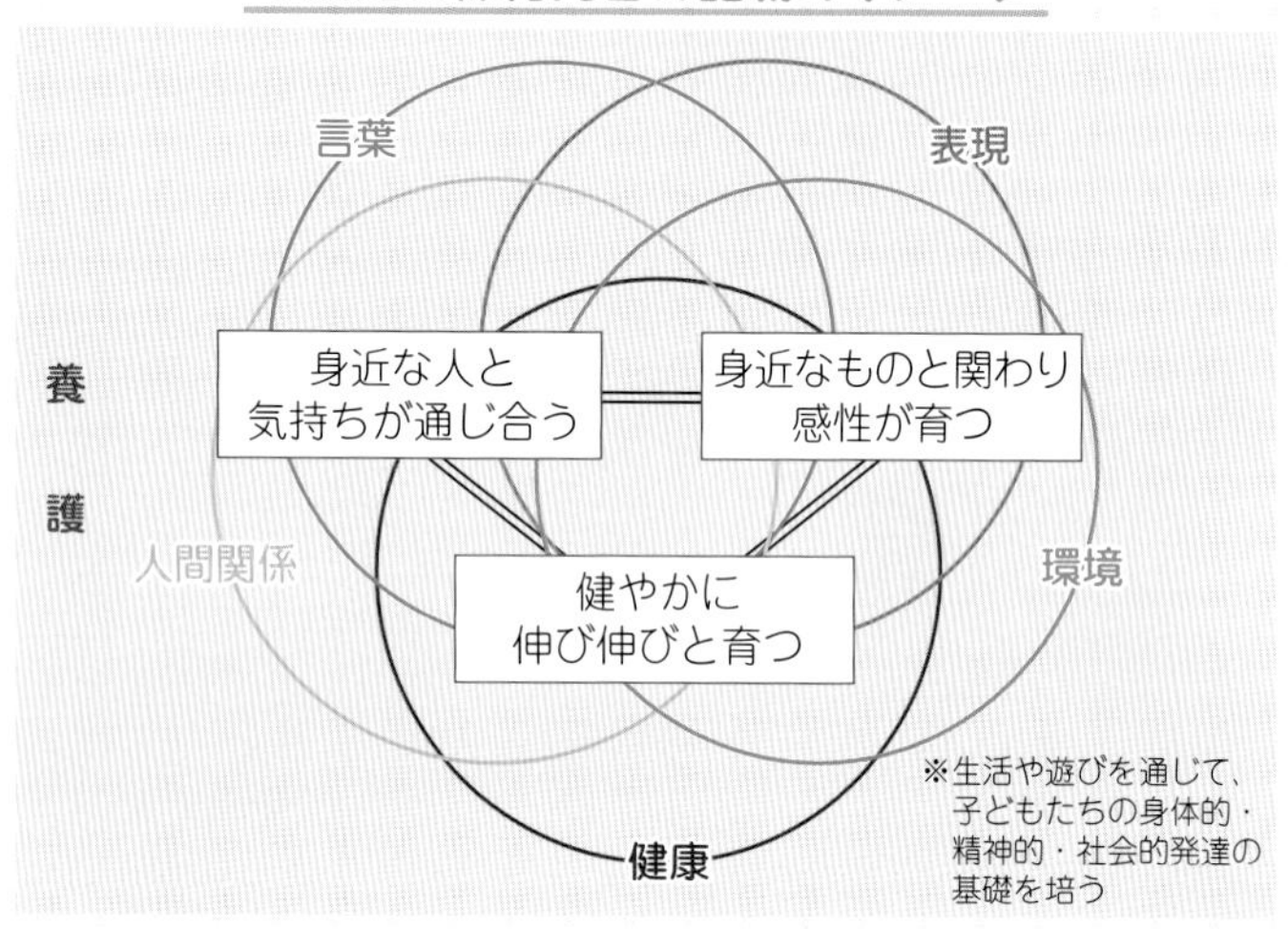

社会保障審議会児童部会保育専門委員会「保育所保育指針の改定に関する議論のとりまとめ（平成28年12月21日）」厚生労働省　https://www.mhlw.go.jp/stf/shingi2/0000146738.html

ん。それまで安定した生活を過ごしてきた家庭とは異なる、慣れない場所、慣れない人の中での生活は、緊張感や不安をもたらします。子どもに合わせたゆったりとした生活リズムの中で、保育者との温かな関わり、受容的かつ応答的なやりとりを積み重ねることで、緊張感や不安がほぐれ、安心・安定につながっていきます。

気持ちが通じ合う

保育者と乳児との関わりは、初めは向かい合う、見つめ合う関係（二項関係）です。乳児は、一ヶ月過ぎから人の顔をじっと見つめるようになり、生後三ヶ月で人に向けて笑顔（社会的微笑）を見せるようになります。そして六ヶ月でいつも接している特定の人とそうでない人を区別するようになります。関わりの中で乳児は、にっこりとした笑顔、興奮した笑い、悲しみの泣き顔、不機嫌そうな怒りの表情、驚きなど、様々な感情を見せます。また手を伸ばしたり、声をあげたり、喃語で話しかけてきます。保育者は、子どもの気持ちを受容し、共感しながら、その行動や感情を言葉として返していくことが大切です。

九ヶ月からは、ものを一緒に見る、並び見る関係（三項関係）になります。一対一の閉ざされた関係から、同じ物を見ること（共同注意）や、指さしができるようになります。指さしをしている他者を見て、指さす方向を見ることができるようになり、他者の意図を読みとる

力が芽生えてきます。指さしは、言語的コミュニケーションの基礎になります。相手の指さしに応じることから、自分から他者に向けて指さしをするようになり、欲しい方向や欲しいものを指さす要求の指さし（あっちに行きたい、あれとって）、興味があるもの、見てほしいものを指さす叙述（定位）の指さし（ほら、わんわんいるよ）が見られるようになります。（ ）に示したように、指さしは他者に自らの思いや意図を伝えることができます。保育者は、○○したいんだね、○○がいるねと指さしの意図を積極的に言葉にして伝えることで、子どもは自分の思いを相手に伝えると答えてくれることを学び、保育者が答えてくれた言葉（例えば対象の名称）

から、語彙をどんどん増やしていきます。このようなやりとりを通じて、言葉の理解や発語の意欲が育っていくと考えられます。

主体として育つ

保育所保育指針の養護の「情緒の安定」に関する記述の中に「主体として育つ」という表現があります。その内容にも「保育士等との信頼関係を基盤に、一人一人の子どもが主体的に活動し、自発性や探索意欲などを高めるとともに、自分への自信をもつことができるよう成長の過程を見守り、適切に働きかける」と書かれています。受け止める、共感する関わりも不可欠ですが、自分でやりたいという思い、まさに子どもの自発性や意欲を引き出すことも大切にしていきたいことです。特に乳児は、移動が可能になることで、世界が拡大していきます。主体というと、その子自身の力が意識されますが、主体性は人や社会における関係性の中で育っていくものです。見守ってくれる保育者と、安心感や信頼感の得られる関係性の中で、身近な環境への興味や関心を高め、その活動を広げていくのです。そのため「主体として育つ」ことは、保育の中核として、養護の「情緒の安定」の中に含まれているのだと思います。

2 乳児を支える温かさと探索意欲——人的環境としての保育者

白梅学園大学 佐久間路子

温かさとは

乳児との関わりにおいて、保育者の温かな関わりが大切と言われています。温かさは、人の特徴、生き物の特徴と言えるかもしれません。ロボットが保育や教育の仕事を代替することに関する意識調査[1]では、ロボットが保育に携わることに否定的な感情を抱いている人の多くが、ロボットには「人間のような温かみを感じられない」と答えていました。ではロボットにはない、人の持つ温かさとは具体的にはどのようなものでしょうか。

まず、人の体の温かさです。人の体はほどよく温かく、肌に触れることで温かさが伝わります。皮膚の柔らかさも温かみにつながると言えるでしょう。愛着（STEP1-2「愛着形成と発達」一二頁参照）はまさにくっついていることですが、肌と肌が触れあうことで、温かさを感じ、それによって安心感を得ることができます。最近、温かいロボット、柔らかいロボットも開発されています。おそらく人工的で冷たいロボットよりも温かさは伝わる

と思いますが、人間のような温かみ、生きている実感のようなものを伝えることには、まだまだ難しさが残っていると思います。
温かなまなざしという表現もよく使われます。子どもを見つめる、子どもを見守るときのまなざしを表しています。その際の表情は、ほころんだような笑顔が想像されます。
声や声かけからも温かさは伝わります。具体的には、ゆっくりとした、低いよりもやや高めの声、語気の強くない話し方でしょう。マザリーズがこのような話し方の代表例です。厳しさ冷たさはその逆のイメージになります。
やや抽象的になりますが、温かな雰囲気というのもあるでしょう。子どもと関わる際の動作、服装も含めた全体的な印象です。保育者自身だけでなく、部屋の明るさや置かれているものなどの保育室の環境からも温かさは伝わります。

これらのまなざし、声、雰囲気に共通するのは、愛情や思いやる気持ちが背景に感じられることです。温かさは、愛情からあふれ出ると言えるかもしれません。このように様々な側面から温かさが子どもに伝わり、子どもは自分に愛情を向けてくれる、自分を受け入れてくれる他者に信頼感を持つようになります。この温かさは子どもと関わることで自然にあふれ出ることかもしれませんが、温かさを意識的に考えてみることで、乳児と関わる際の自分の振る舞いを改めて振り返ることができるのではないでしょうか。

子どもの世界の広がりと環境づくり

乳児期の運動機能の発達では、姿勢と移動という点で大きな変化が生じます。寝ているだけの状態から、三ヶ月頃には首がすわり、四ヶ月頃には支えられれば座るようになります。九ヶ月頃からはつかまり立ちができるようになります。寝ているとき、座っているとき、立っているときでは、子どもの目の高さが異なります。つまり、姿勢によって見える世界が変わるのです。また手が届く距離も、体の成長と姿勢によって、変わってきます。子どもの目の高さや手の届く距離を意識して、保育室の平面および壁面のおもちゃの配置など、環境を工夫することができるでしょう。

さらに、五、六ヶ月から寝返り、そしてはいはい、つたい歩きができるようになります。これらは、子どもが自力で移動する力を手に入れたことを意味します。離れて見ているだけだったものに、自ら近づいていき、触ることができます。移動によって、探索範囲が広がっていくのです。例えば、いつも子どもの手の届くところにおもちゃを置くだけでなく、少し離れたところに置くことで、近づいて触りたいという探索意欲を引き出し、自ら体を動かし移動することで、自身の運動機能も高めることができます。

子どもが近づきたいと思う対象は物だけではありません。大好きな人にくっつきたいという思いも、自力での移動ができるようになることで実現可能になります。それまでは大好きな人

に対してじっと見つめることや、泣いたり声を出したりして、その人が近づいてきてくれるのを待つしかなかった状況から、移動によって自らくっつくことができるようになります。大好きな保育者に、自分から近づいていくことも、離れていく保育者を追いかけることもできるようになるのです。この時期から、後追いという行動が見られるようになりますが、まさに自らくっついていようとすることの表れと言えます。

認知機能の発達では、九ヶ月頃から、対象の永続性に気付くようになります。対象の永続性とは、事物はたとえ見えなくなってもその空間に存在し続けるということを認識していることです。具体的には、興味のあるおもちゃをハンカチで隠して見えなくなってしまっても、八、九ヶ月児はハンカチを取り去っておもちゃを見つけることができます。八、九ヶ月より小さい子どもは、ハンカチを取り去ることはできません。ただし近年、乳児を対象に映像を用いた実験で、三~五ヶ月頃までに対象の永続性の概念を持つことが示されており、隠された物へ思いを働かせることは早くから可能なのかもしれません。子どもが物を隠す、現れるという変化を面白がるのは、この認識が関わっていると考えられます。

この変化を楽しむ遊びの一つは、「いないいないばあ」です。顔を手で隠してから手を開いてばぁと現れるだけでなく、物に布をかぶせて布を外すと物が現れる、保育者が陰に隠れてばぁと出てくる、子ども自身が隠れてばぁと出てくるなど、様々なバリエーションが考えられます。

遊んでいる際には、隠されているとき、出てきたときの子どもの表情に注目してみてください。(あれ、無くなっちゃったの?)というような真剣な表情、(きっとあるよね)というような期待するような表情、(ほら出てきた)というような確信的な表情などが見られるのではないでしょうか。子どもの思いを想像しその思いを声に出して子どもと共有することで、より面白さを実感できると思います。この時期の子どもは繰り返しが好きなので、同じことを何度も繰り返したり、少しずつバリエーションを変化させたりして、子どもと一緒に楽しみたいですね。

1　佐久間路子・倉持清美「コミュニケーションロボットを保育・教育分野に導入することへの意識」日本乳幼児教育学会第二九回大会(於:東北文教大学)、二〇一九年

1 一歳以上三歳未満児の保育の基本

白梅学園大学　佐久間路子

一歳以上三歳未満児の発達の特性と保育

一歳以上三歳未満児の保育においても、他の時期と同様に、養護と教育を一体的に行うことが大切です。保育の内容（教育的側面）は、乳児保育は三つの視点でしたが、一歳以上三歳未満児では、三歳児以上と同様に五領域（健康、人間関係、環境、言葉、表現）に分かれています。ですが具体的なねらい及び内容は、三歳以上とは異なる独自の内容となっています。もちろんこれらは、乳児保育の三つの視点と、三歳以上児の保育の内容における五つの領域と連続するものととらえる必要があります。以下では領域「人間関係」を例に挙げて、その内容を詳しく見ていきます（次頁のコラム参照）。

①と②には、安心感、安定感をもって過ごすことの大切さが書かれています。これは養

1歳以上3歳未満児の保育の内容「人間関係」

① 保育士等や周囲の子ども等との安定した関係の中で、共に過ごす心地よさを感じる。
② 保育士等の受容的・応答的な関わりの中で、欲求を適切に満たし、安定感をもって過ごす。
③ 身の回りに様々な人がいることに気付き、徐々に他の子どもと関わりをもって遊ぶ。
④ 保育士等の仲立ちにより、他の子どもとの関わり方を少しずつ身につける。
⑤ 保育所の生活の仕方に慣れ、きまりがあることや、その大切さに気付く。
⑥ 生活や遊びの中で、年長児や保育士等の真似をしたり、ごっこ遊びを楽しんだりする。

〔「保育所保育指針」第2章　保育の内容／2　1歳以上3歳未満児の保育に関わるねらい及び内容／（2）ねらい及び内容／イ　人間関係／（イ）内容〕

護の「情緒の安定」や乳児保育の「身近な人と気持ちが通じ合う」と関連しています。愛情豊かで受容的・応答的な関わりは、どの時期であっても大切な要素です。この時期ならではの特徴は「欲求を適切に満たし」という部分に表されています。一、二歳頃は、自我の芽生えやイヤイヤ期と呼ばれるように、自分の欲求を強く主張する時期です。「○○したい！」「○○はイヤ！」などの頑なな思い（欲求）は、必ずしもすべてがかなえられるわけではありません。思い通りにならない場合など、泣き続けたりかんしゃくを起こしたりすることもあるでしょう。欲求を適切に満たすというのは、すべてを子どもの思い通りにするというのではありません。思い通りにならない場面で、保育者が子どもの気持ちを立て直す支えとなることを通して、自分をコントロールする力が育まれていくと考えられています。

また③④⑥に示されているように、子どもは保育者との関係だけでなく、他の子どもへの関心を持ち、関わりを持つようになります。他児を慰める姿も見られるようになりますが、お互いに思いをくみとることはまだまだ難しく、特に思いが異なる場合は、他児の思いに気付くことは難しい時期です。保育者は子どもの関係を仲立ちし、他児の気持ちを代弁しながら、友だちとの関わりを丁寧に伝えていくことが必要です。

⑤の「きまりがあることや、その大切さに気付く」は、規範意識の芽生えとして、三歳以上児の保育の内容や幼児期の終わりまでに育ってほしい姿につながるものです。園において集団で生活するうえでは、スムーズに、気持ちよく生活を送るためのきまりが存在します。ものの取り合いなどでいざこざが起こりやすい時期でもありますが、きまりを守らせることを目指すのではなく、友だちと一緒に遊ぶ中で、かわりばんこに使うとみんなで使えてうれしいという経験を通して、子ども自身がきまりの大切さに気付くことが大切です。

⑥に示された「ごっこ遊び」は、表象機能（イメージする力）や象徴機能（見立てる力）の獲得に伴い可能となる遊びです。子どもは、積み木を電話に見立てたり、空のコップにお茶が

入っているように見立て飲むふりをしたり、生活場面での経験をふり遊びの中でさかんにするようになります。動物になりきって遊ぶことや、けいさつごっこなど、子どもの世界は、現実の世界から、想像の世界へと広がっていきます。保育室には、ごっこのための小道具（エプロン、白衣、警察の帽子、段ボールのバス）など、イメージが広がるような環境を用意し、保育者は子どものイメージを受け止め、一緒に楽しむことで、子どもの世界がより豊かになっていきます。

愛着は「からだのくっつき」から「気持ちのくっつき」へ

特定の大人との愛着は、一、二歳では、くっついていることや姿が見えているといった物理的近接によって支えられています。遠藤[1]はこれを「からだのくっつき」と呼んでいます。子どもが保育者から離れて遊んでいるときに、うまく遊べなくて嫌な気持ちになっても、保育者の膝の上に戻ってきたり、振り返り姿を見たりすると、安心してまた遊び出すことができます。保育者は、子どもがエネルギーを補給する安全基地や、不安を受け止めてもらう確実な避難所となるのです。

二歳後半から三歳頃には、保育者や親はいま近くにいなくても何かあれば守ってくれるという見通しを持つことができ、安心のイメージや感覚を持つことができるようになります。特定の大人との愛着は「気持ちのくっつき」(表象的近接)へ変化していくのです。この変化を、筆者の娘Cの保育園の様子から考えてみましょう。

Cは生後六ヶ月のときに、保育園の〇歳児クラスに四月から入園しました。初めての保育園生活でしたが、いつものクラスで大好きな先生と過ごす生活に比較的早く慣れていきました。一年経ち、一歳児クラスに進級しました。保育室はついたてで区切られただけの隣の部屋でしたが、担任の先生が替わり、大好きな先生はそのまま〇歳児の担当となりました。するとCは登園時に母親と別れることを泣いて嫌がるようになりました。Cは本当は一歳児クラスでしたが、しばらくは大好きな先生と〇歳児クラスで過ごしました。お昼ご飯も一緒に食べていたそうです。一歳児クラスの新しい先生は、Cが落ち着いてから毎日遊びに誘ってくれました。徐々に一歳児クラスで遊ぶことが増え、登園時に泣くこともなくなりました。一歳児クラスの終わり頃(二歳六ヶ月頃)にはすっかり不安や心配は感じなくなっていましたが、先生から夕方のお迎え前に泣いていたという話を聞くことがありました。以前見られた登園時の激しい泣きではなく、しくしくと泣き、一人でそっと涙を拭っている様子が見られたそうです。おそらく夕方になって、母親のことを思い出して涙が出てきたようです。

この事例の一歳児クラスの初め（一歳六ヶ月頃）の泣きは、母親が仕事に出かけるという、まさに物理的近接がなくなるときに激しく見られるものでした。進級で担当の保育士や部屋が変わるという環境面での変化が、不安をより強くしたようです。このような時期に、先生方が協力し、また子どもの思いを優先して、一人だけゆっくりと進級させてもらったことは、娘にとって安心できる場所を作り上げていく過程を支えてもらった大切な関わりだったと考えます。一方、二歳六ヶ月頃の泣きは、まさに表象的近接に変化していく様子を表していると思います。イメージする力は先を見通すことで安心をもたらす一方で、大好きな人を思い出したり考えたりすることで、目の前にいないことが余計悲しくなるということもあるのでしょう。表象する力は、言葉やごっこ遊びの発達だけでなく、人間関係や感情の発達にも変化をもたらすのです。

1　遠藤利彦著『赤ちゃんの発達とアタッチメント　乳児保育で大切にしたいこと』ひとなる書房、二〇一七年

2　一歳以上三歳未満児の保育環境

青山学院大学　**坂上裕子**

一、二歳児のこころの発達と保育者の役割

一、二歳児のこころの発達において生じる大きな変化の一つは、やりたいことを自分で選び、主張するようになること、そしてさらに、そのときの状況や他者に合わせて、自分の行動を調整できる力となる自我が芽生え、拡大することです[1]。

一歳を迎える頃、子どもの人や物、自然への関心は大きく広がり、探索行動や目的な行動が活発になっていきます。遊びや生活の様々な場面で、子どもは自分の身体を様々に動かし、自分の手で物を扱おうとします。そこで生じた変化を発見し、確かめること、また、その喜びを保育者に伝え、共有してもらうことで、「自分がやった」「自分でできた」という手応えを感じ取っていきます。このような姿が見られるようになると、自分の思いがかなわないときに、ひっくり返ったり激しく泣いたりする姿も見られるようになります。そこで、大人が「こうしたかったのかな」「できなくて悔しいね」「もう一回、やってみようか」と、ことばにできない子どもの思いやつもりを酌み、受け止めることで、子どもは徐々に自

分の思いに折り合いをつけられるようになっていきます。このようにして拡大した子どもの自我は、三歳に向けて、他者の思いも受け入れられる自我へと充実を遂げていきます。

一、二歳児の保育では、こうした発達的特徴を踏まえ、遊びや生活の様々な活動に子どもが自ら取り組めるように環境を用意し、子どもの変化に応じて環境を整えていきます。

子どもの「やってみたい」思いを引き出し、かなえる環境づくり

できることやわかることが増え、好奇心旺盛になるこの時期には、子どもの「やってみたい」思いを引き出し、その思いをかなえることができる環境を用意します。特に、一、二歳は、身体を動かすことが楽しくなる時期です。這ったり歩いたりしたくなる長い廊下、その上で転がったり跳びはねたくなったりする大きなマット、のぼりおりしたくなる斜面や台、くぐってみたくなる隙間、押したり引っ張ったりしたくなる大きな物、とびおりたり跨ぎたくなったりする段差など、子どもが身体を大きく動かせる場所を確保し、自然と身体を動かしたくなるような遊具の配置を考えます。

一、二歳にかけては、手先の器用さも増してきます。親指と人差し指で物をつまむことに始まり、右左の手で異なる動作をしたり手先の力を調整したりすることが上手になるにともない、物や道具を扱うことが楽しくなります。様々な手指の動きを引き出す素材や道具

が手の届くところに用意されていて、かつ、それが子どもの手の発達に合ったものであれば、子どもは自然と手を動かしたくなります。また、この時期にはイメージする力の育ちとともに、大人のまねをして生活場面を再現する、みたて・つもり遊びを好むようになります。実生活でよく目にする道具やそれを模した物が用意されていると、そこからイメージが膨らみ、ままごと遊びや病院ごっこなど様々に遊びが広がっていきます。みたて・つもり遊びは考える力の土台となるものであり、遊びの中で様々な素材にふれ、道具を扱うことで、生活の様々な場面で必要とされる手指の動きが身に付きます。

現代では生活が便利になった分、子どもが生活の中で経験し得る動きは限られたものになりがちです。また、早くから携帯機器に触れ、刺激の強い映像を受動的に視聴することが日常になっている子どもも少なくありません。五感と身体を使ってまわりの世界をじっくりと探索するこの年代ならではの経験を保障できるように園環境を整えていきましょう。

ひとりでの遊びと友だちとの関わりを保障する環境づくり

一、二歳は、ひとり遊びや並行遊びが中心となる時期であり、子どもが楽しさの共有を求める相手は主には大人です。大人に見守られている安心感のもとで、各々の子どもがやりたい遊びを見つけ、じっくりと遊ぶことができるように環境を整えます。遊び込むことを通して子どもは、想像する力や考える力を身に付け、ひいてはその力が、物事に粘り強く取り組んだり、友だちと協同したりすることを可能にします。

この時期には、自分がやりたいことがはっきりしてきて、自分と他者の違いに気付くようにもなります。そのため、子ども同士のぶつかり合いが多くなりますが、自分と他者の違いに気付くということは、自分と他者の共通点にも気付くようになることを意味します。みんなで一緒に遊ぶのはまだ難しいものの、友だちと同じものを見て微笑み合ったり、同じ動作を楽しんだり、まねをし合ったりすることを通して、「おんなじ」であることを楽しむ、共感し合う関係が育まれます。[2]

ひとりでじっくり遊ぶことと、友だちの存在を意識し、「おんなじ」を楽しむことの両方を大切にしたいこの時期には、遊びに使う素材・道具の量と配置の仕方や、空間の使い方を工夫しましょう。子どもの発達や人数に合った十分な量の素材・道具が、手に取りやすいところにわかりやすく置かれていると、子どもは心をひかれた遊びに自分のペースで取り組むことができます。また、棚や仕切りを利用して、動線が複雑になる場所や混み合う場所ができないように空間を区切っておけば、遊びを中断されることなく、落ち着いて遊ぶことができます。その際、空間の区切りが友だちの様子が見える程度にゆったりとしており、同じ物が複数、用意されていると、自分と友だちの「おんなじ」点に気が付きやすくなり、友だちと「おんなじ」ことを楽しむことができます。

一、二歳は、かみつきや、物や場所をめぐる子ども同士のトラブルも起こりやすい時期です。遊びが中断されてしまうことが多い、遊び込めるものが見つからないなど、遊びが充実していないことがその背景にあることも少なくありません。一歳になったばかりの子どもと、もうすぐ三歳を迎える子どもとでは、興味・関心を向けるものや友だちとの関わり方も異なります。それぞれの子どもが、その時々の発達に合った遊びを楽しむことができるよう、用意する素材・道具や空間の使い方を、適宜見直していきましょう。

生活の主人公となるための環境づくり

一、二歳児は、自分が生活の主人公であることの喜びを味わいながら日々を過ごします。自分の足で歩き、手を使い、つたないながらも身振りや言葉で自分の思いを伝え、食事や着脱衣、排泄をはじめとする身の回りのことに少しずつ見通しをもって取り組むことができるようになります。ただしそれは、子どもにとってわかりやすい環境があって初めて実現することです。保育者の言葉だけを手がかりに動くことはまだ難しい時期ですが、生活の流れや動線が子どもにとってわかりやすいものであり、次に何をするのかを知るための具体的な手がかりがあれば、子どもは自分なりに見通しをもって行動することができます。

人的環境としての保育者

保育者は子どもにとっての人的環境であり、保育者の応答的な関わりと物的環境が揃うことで、子どもの発達を十全に支えることができます。保育者の応答的な関わりとは、①子どもが集中して遊びに取り組んでいるときにはその様子を見守る、②楽しさや達成感、不安やいらだちなどの気持ちを子どもが向けてきたときには、その思いを受け止め、共感する、③必要に応じて、子どもが気持ちを立て直したり自分の思いに折り合いをつけたりすることを助ける、ことを指します。物的環境と人的環境は、保育を支える両輪にあたります。物的環境と合わせて、保育者としての子どもへの関わりも見直してみましょう。

1　白石正久著『子どものねがい・子どものなやみ―乳幼児の発達と子育て　改訂増補版』クリエイツかもがわ、二〇一三年
2　全国幼年教育研究協議会・集団づくり部会編『求めあい認めあい支えあう子どもたち―乳幼児期の集団づくり　視点と実践』かもがわ出版、二〇二〇年

3 三歳以上児

1 幼児期（三歳以上児）の保育の基本

白梅学園大学　**佐久間路子**

幼児期の発達の特性と保育

幼児期には、運動機能、言葉、認知など、様々な面で発達し、子ども自身でできることが増えていきます。また興味や関心を持って自ら活動したり、同じ関心を持った他者と協力して活動したりするようになります。子どもたちは、保育所や幼稚園の環境を通して、そして遊びを通して、多くのことを学んでいきます。

資質・能力を育む

幼児期の教育は、その後にある小学校以降の教育とつながっており、小学校以降の教育の基礎を培うものと考えられています。教育においては、〇歳から一八歳、そしてその先へと成長していく力として「資質・能力」を育むことが大切であると言われています。

幼児期の教育における資質・能力とは、①知識及び技能の基礎（豊かな体験を通じて、感じたり、気付いたり、わかったり、できるようになったりする）、②思考力、判断力、表現力等の基礎（気付いたことや、できるようになったことなどを使い、考えたり、試したり、工夫したり、表現したりする）、③学びに向かう力、人間性等（心情、意欲、態度が育つ中で、よりよい生活を営もうとする）です。無藤[1]はこの三つを①気付く力・できる力、②考える力、③楽しく頑張る力と説明しています。これらの力は、幼児の遊びの中で相互につながり合って育っていきます。

①気付く力や②考える力は、子どもの興味や関心、すなわち知的好奇心に支えられています。それらの力は、受け身的に教えられて身に付くものではなく、主体的な遊びの中で育まれていきます。子ども自身が好きなこと、こだわっていること、得意なこと、やりたいことに取り組むことを通して、育っていくのです。

みなさんが担当する子どもの姿や実習で出会った子どもの姿を思い浮かべてみましょう。好きなことに取り組む子どもたちの様々な遊びの工夫が思い出されるのではないでしょうか。以下では、筆者の印象に残っている二人の姿を紹介します。

外遊びでいつもうんていに取り組んでいたTくんは、一段ずつ端から端までできるようになると、一段飛ばし、二段飛ばしなど難しい技にも挑戦し、また一つずつ素早く手を動

かしてスピードを出すやり方や、後ろ向きに進む方法も考え出し、取り組んでいました。「みてみて！」と保育者を呼んで、新しい技をやってみせ、「後ろ向きは難しそうなのにすごいね！ 勢いが必要なんだね」と声をかけられ、満足げな表情をしていました。

絵本で魔女の世界に触れたMちゃんは、魔女になりきって遊ぶことを楽しんでいましたが、魔女が葉っぱから薬をつくることを知って、園庭のいろいろな葉っぱを集めました。薬は乾かしてお茶にして煎じて飲むことを知って、先生と一緒に実際に試してみました。また大人から薬草が生えている植物園のことを聞いて、お休みの日に家族と一緒に、本物の薬草を見に行きました。そして、園に生えている草と何が違うのか、みんなに教えてくれました。この二人の姿から、やりたい思いから工夫が生まれ、さらに次の「やりたい」につながっていることがよくわかります。

子どもは遊んでいる中で、「いいこと考えた！」「○○したらいいんじゃない？」と、たくさんのひらめきが生まれます。この瞬間的な気付きは、もっと知りたい、もっと遊びを面白くしたいという原動力になり、③楽しく頑張る力を育てていきます。

そして、このような子どもの学びを可能にするのは、子どもの好奇心を刺激する環境、そして落ち着いて遊びに没頭できる環境です。今日の続きはまた明日しようという長期的な取り組みを可能とする時間も必要でしょう。なによりも、子どもの関心を面白がって、一緒に「なんでだろう」「どうなるんだろう」と考えてくれる保育者の存在が非常に重要です。子どもの関心に気付き、好奇心を支えていくには、保育者自身が身の回りのことに好奇心のアンテナを広げ、子どもと一緒に楽しみながら、遊びの可能性を広げていくことが大切です。

幼児期の終わりまでに育ってほしい姿

現行の保育所保育指針・幼稚園教育要領には、幼児期の終わりまでに育ってほしい姿（10の姿）が示されています（次頁のコラム参照）。これは、「保育内容のねらい及び内容に基づく（保育）活動全体を通して資質・能力が育まれている幼児（子ども）の幼稚園修了時（小学校就学時）の具体的な姿であり、教師（保育士等）が指導を行う際に考慮するもの」です。「姿」という言葉は、「力」でも「行動」でもなく、具体的に様々な活動を通して見えてくる子どもの様子を示しています。幼児期の終わりに到達すべき目標でも、個別に取り出されて指導されるものではありません。

10の姿から協同性を取り上げて考えてみましょう。協同性は、領域「人間関係」と関連があり、「友達と関わる中で、互いの思いや考えなどを共有し、共通の目的の実現に向けて、考えたり、工夫したり、協力したりし、充実感をもってやり遂げるようになる」という姿です。共通の目的に向けて、友だち同士で試行錯誤しながら、工夫し合う姿は、日々の遊びの中にも、そして行事などに向けて取り組む過程で見られるのではないでしょうか。どろけいでチームに分かれて作戦を練ったり、友だちと一緒に積み木で基地を作るのに自分のイメージを言葉にして伝えたり、お店屋さんごっこでケーキ屋さんをするのにどのような商品を置くかみんなで相談したり、協同的な

幼児期の終わりまでに育ってほしい姿

① 健康な心と体
② 自立心
③ 協同性
④ 道徳性・規範意識の芽生え
⑤ 社会生活との関わり
⑥ 思考力の芽生え
⑦ 自然との関わり・生命尊重
⑧ 数量や図形、標識や文字などへの関心・感覚
⑨ 言葉による伝え合い
⑩ 豊かな感性と表現

遊びを進めるためには、友だち同士の話し合いが必要です。自分の思いを主張したり、友だちの意見を聞いたり、お互いの意見が異なる場合には、折り合いを付けることも必要でしょう。

このような幼児の姿を、幼児教育をあまり知らない人に話をすると、一様に驚かれます。幼児が自分たちがやりたいと思うことを積極的に言葉にして、友だちと話し合いをして遊びを作っていくことや、あくまでも主役は子どもたちで、保育者はヒントを出したり、一緒に考えたりすることで子どもの考えを引き出すような関わりをしていることなど、幼児が他者と協同する力を持つことを知らない人が多いように感じます。また「自分の意見を言うことって、大人でもなかなかできないですよね」「小学生以上や社会人になっても大切なことですね」とも言われます。

繰り返しになりますが、幼児教育の資質・能力は、その後の教育とつながっており、その後の教育で、そして大人になっても十分通用する力です。幼児期はその力を、遊びを通して、自分がやりたいことの中で発揮できることに意味があると思います。保育者は幼児期だからこそ可能となる教育の在り方とその価値を自覚し、保護者をはじめ、子どもをとりまく多くの人に伝えていくことを実践してほしいと思います。

1　無藤隆編著『10の姿プラス5・実践解説書』ひかりのくに、二〇一八年

2 子どもの主体性と保育者の関わり

白梅学園大学 宮田まり子

近年、保育の中で「子どもの主体性」という言葉が多く聞かれるようになってきました。もちろん「主体性」については最近初めて言われたことではなく、これまでにも様々に語られ、実践に向けた努力が行われてきました。それでも、最近さらに身近になった言葉の一つだと思います。その背景には、グローバル化やオートメーション化といった社会の変化があります。その変化は同時に、「均質化」も生み出しています。このことにより、どこでも誰でも同じような生活ができる一方、個性も求められるようになっています。このような社会では、機械にできないことを、また大勢の誰かと同じでもない、この人だからこその在り方である「らしさ」がより求められるのです。

そこで、子どもの主体性を育む保育について考えてみたいと思います。ここでは実現に不可欠な要素として、「信頼感」と「創造性」を挙げたいと思います。

まず一つ目の「信頼感」ですが、これは、ここでは自分は愛されていて大切にされている存在なのだということを感じているということになります。この「信頼感」は、「主体性」の基盤となるものです。「信頼感」というと、三歳未満児について多く聞かれる言葉かと思いますが、しかしその大切さは低年齢児に限らず、幼児に対しても同様に重要であり、忘れてはならない感覚の一つであると思います。

次に「創造性」です。創造性において、多種多様な物の設置や、それを魅力的に用いていたり気付いたことを伝え合ったりする他者の存在は重要であり、特には気付いたり試行したりして深めていく「時間」の設定は必要不可欠です。そしてこの設定に向けては、園全体がチームとなって、それぞれのクラスの保育を認め、励まし助け合う組織をつくる必要があります。そのためには特定の保育者(管理職等)だけでなく、園に関係する誰もが組織の一員として、少しずつでも同僚との支え合う関係性をつくることに努めていく必要があります。

さて、この「主体性」とか「子ども主体の」という目標が設定されたとき、そこでの私(保育者)の存在はどうあるべきかということを、迷われる方は多いのではないでしょうか。

元来、子どもと大人の考えの多くは異なっています。両者には「ズレ」があります。ここで「ズレ」と表現したのは、大人はすべて正しく、子どもは間違っているということではないということです。なぜならば、子どもは大人たちが築いてきたプロセスを知りません。一方で大人は、子どもがこれから築く世界について知っていません。よって、どちらかがどちらかを一方的に評価していくことはできないということです。そこで大切になってくるのが、誰もが自分の考えに可能性を感じられるようになることです。

つまり、誰々の主体性といった場合、「その方の思いや行動の一切の制約を無くすこと」ととらえるのではなく、むしろ積極的に関わっていくことが必要であること、ただしどのように関わるかについてはとても重要であり、保育者がまずそれぞれを認め、互いを尊重し合い、それぞれが活かされ存在し合えるような風土や文化を作っていくことであることを前提にしていきたいと思います。

互いの思いが尊重される保育に向けて――子どもの視点を得るために

先に、互いの思いを尊重することの大切さについてお伝えしました。しかし実践において、物事を俯瞰し違うと思ったことを「ズレだ」ととらえることも、そこから互いを尊重するという判断を示していくことも簡単なことではありません。特に実践では、常に即座の判断が求められることが多くあります。そこで、このような視点は日々確認していく必要があります。

例えば、保育後やノンコンタクトタイム等の子どもとは離れて過ごす時間において、園での子どもの姿を振り返り、自分なりに理解したり、同僚との対話の中で深めたりして、少しずつ日々の判断に活かせるようにしていく必要があります。

では、保育後の振り返りやノンコンタクトタイムにおいて、何を行うことが考えを深めていくことにつながるのでしょうか。以下にその具体的な例をいくつかご紹介します。

① 子どもの視線の高さになる

子どもの目の高さになってみる。まずは特別なことは考えず、身体を子どもと共にしてみるということです。担当の年齢の子どもの平均的な目の高さや、園庭や保育室などで出会い気になった子どもの目の高さになって景色を見てみると、大人の視線では気付けなかった面白さや思い、あるいは時には危険性にも気付くことがあるかもしれません。

② 子どもの足跡を見つめる

こちらも、実際に靴の跡を見つめるという言葉そのままの行為を思い浮かべていただいてもよいかもしれません。子ども理解の方法は、子どもの姿を直接見ることだけではありません。子どもたちが何かしらの思いを持って歩き出して残した跡、ただ何となく向かった先に残った跡、気になって試行してみた跡などからその子の思いに寄り添うことも理解を深める方法の一つです。子どもたちがいないときに、子どもの足跡や行為の跡を追っていき、そこにどんな気付きや思いがあったのか考える時間を持つことは重要です。

例えば、あらかじめ伝えた方法での片付けがなされていなかったとしても、単に片付け直しを促したり、一方的にその場を閉ざしたりするだけではなく、まずはなぜここに置いたのかと跡を見つめながら一度止まって考えて、そこで理解してみたことを子どもに返してみる、そうして対話を行うことが、互いに理解を深め、信頼し合う関係を築いていくことにつながるのではないでしょうか。

「子どものいた跡」を見つめる

③ 作品を見つめる

園では様々に作品が作られます。描画や造形活動等ある程度設定された物のほか、遊びの中で即興的に作られる物もあるでしょう。それらに対して、どのように向き合われているでしょうか。園によって様々な方法での受け止めがなされているかと思います。

作者からその思いを聞き、記録しておく。あるいは作者の思いが尊重される空間を設定し、作者自らが展示し表現できるようにされたりしている園もあるかと思います。展示では保育者は、作り手の思いを言葉にして書き残し、他児や保護者など様々な方との思いの共有の橋渡しをされているのではないでしょうか。

このとき大切にしたいのは、作者からの聞き取りだけではなく、作品を手にした保育者もその作品を解釈してみるということです。例えばもし、作り手の思いを聞いて書いて終わりになっていたとしたら意味がありません。作り手の思いを聞いてそれに対する感想を伝えたり、あるいは時には何も聞かない状態で保育者が作品から受けた印象を作り手に伝えたりするなど、対話をもとに互いに理解を深めていくことは大切です。対話は言葉だけではありません。子どもの作品を受けて、それに続くような作品や応えるような作品を保育者が作って伝えるというのも良いでしょう。

STEP 3

子どもとともに伸びる保育者

STEP3では、保育実践を三つ紹介します。生き生きとした記録をもとに、保育の面白さ、保育者と子どもの思いについて考えます。また、心理学の立場から保育者に知ってほしいことを解説します。

1

保育の現場から①

「走りオリンピック」

──生み出される遊びの中で子どもの姿を線でとらえる

白梅学園大学附属白梅幼稚園　**西井宏之**

1　プレイデイ（運動会）に向けての相談

二〇二〇年度は新型コロナ対応と共に始まりました。感染に注意を払い、クラスを二つに分ける分散登園が始まったのが六月。私の担当は年中。新しいクラスに不安を感じながらも意気揚々と遊ぶ姿にふれ、改めて子どもたちの自ら伸びる力に感服した一学期でした。

九月。当園では一〇月のプレイデイに向けて、（まだ模索段階ですが）子どもたちと相談し内容を決めていくようにしています。子どもたちに何がしたいか聞いてみると、玉投げ、玉転がし、大縄などいくつか挙がりました。その中の一つに「走りオリンピック」というものがありました。聞いてみると、リレーのよ

うな徒競走のようなもののようです。

九月のある日、「走りオリンピック」をやってみることにしました。参加したのは一五名ほど。どうやって遊ぶのかわからないままでしたが、ミチカが「女の子集まれー！」と女児を集めると、女児同士で「イエーイ！」と大盛り上がり。その様子を見て男の子も呼応し、自然に男児対女児の構図になりました。

木の周りを周って戻ってくるというルールだけが何となく共通になっているくらいでしたが、走り終わって列に戻ってしまう子には、アキコとカツキが「タッチするんだよ」と伝え、教えながら遊びが成立していきます。

何回か走った後、カヨが「金メダルを作ったらいいんじゃない」とつぶやきます。他の仲間たちも賛成し、六人で早速金メダルを作りに保育室に戻ります。リレーを行う際に、「物」があった方がわかりやすいし、金メダルの存在でリレーの遊びがまた違う展開になるかもしれない！――そんなことを思っていました。

その日の午後と翌日は金メダルが作れるよう材料を用意しましたが、私の予測は外れ、何人かが金メダルを作ったものの、作って満足で、リレー遊びにつながることはありませんでした。

2 「走りオリンピック」の盛り上がり

その翌日も翌々日も、リレーは遊びの中では見られません。プレイデイがあるから盛り上げたいという願いもなくはないですが、ちょうどこの時期、仲間と遊ぶことに子どもたちの興味が向かいます。ドロケイや鬼ごっこなどの集団遊びが少しずつ浸透してきたので、仲間と遊ぶ楽しさを味わえればいいなと思っていました。

ある日のみんなで行う活動で、リレーをやってみることにしました。これがきっかけになるといいなと思っていましたが…あれ？　女の子たちのこの前の勢いはどこへやら。先日みんなを鼓舞していたミチカは「やらない」と、乗り気でありません。この前はよかったけれど、今日はできない…など年中の面白さでもあり、難しさでもあります。私の思惑が見事に外れたと思いました。

その翌日のことです。「先生、俺、走りオリンピックやるから、早くいこう！」と、登園するなりテツヤが私に言います。すると、「私もいく」「僕もやる」と九人の仲間が集まりました。女の子たちへの思惑は外れましたが、昨日のリレーはテツヤの興味にヒットしたようです。「やりたい！」と強烈に思う子がいると、それが連鎖的に仲間に伝わっていきます。「やりたい！」という思いを持った子どもたちが始めたリレーは、ここから遊びの工夫が生まれていきました。この日から、チーム対抗ではなくみんなで一列に並んで順番にタッチして走ることになりました。待っていると退屈なのか、偶然近くに置いてあった椅子に座ると、次々に待っている子たちが椅子を運び、座って待つことになりました。

それを見たカヨとテツヤが「どこにタッチしたらいいかわからないじゃん」「じゃあ、目印付ければいいんじゃない」と、ビニールテープで次の走者の椅子に「矢印」をつけました。二列の椅子が並び、走る人は一列目で、二列目は休憩するための椅子だそうです。競争というより、いろいろなところをたくさん走ったり、二人でどこを走るのか相談して一緒に走ったりなど、多様な楽しみ方が生まれていきました。

翌日から、テツヤだけでなく他の子どもたちも、登園すると、「走りオリンピックやろうぜ」と椅子を並べて楽しむ姿が一週間近く続いていきました。

3 新しいリレーの遊び方の誕生

プレイデイが明後日になった火曜日。珍しくシュンタロウは朝から表情がすぐれません。彼は自分のやりたいことをはっきり持っていますが、自分から仲間に声をかけるタイプではありません。彼の良さが仲間の中で発揮できるといいなと思っていました。

表情が晴れないシュンタロウに、何気なく「リレーやってみる？」と声をかけると、何も言わずに園庭に向かっていきました。やるのかな？　やらないのかな？　と思いながらも、私は大縄を回すのを頼まれていたので、気に留めながら彼の様子をうかがっていました。数回大縄を回した後、「これからリレーやるから」とシュンタロウに声をかけられたので大縄を早々に切り上げ、大縄を一緒に跳んでいたヨウタとヒナも「僕もやる」と参加してくれました。

さあやろうというとき、今までずっと黙っていたシュンタロウが突然「ちょっと待って待って」としゃべり始めます。「ここからスタートして、そして大きい山を登って、そして、小さい山を登って…」と説明を始めました。椅子に座って順番に走るのではなく、自分で新しいリレーの遊び方を考えたようです。今まで見たことがないほど目を輝かせて遊び方を説明する彼の姿に嬉しくなりました。

決められたコースを順番ではなく一斉に走っていき、「九秒でゴールすればクリアーだよ！」と付け加えます。「これをエイト周りって言うんだよ！」とさっきまでの曇った表情はどこへやら、意気揚々と説明します。九秒なのになぜ「エイト周り」なのかはわかりませんが（本人に聞いても「それはわかんない」とのことでした）、嬉々としてリレーの説明をしています。

4 仲間と新しい遊び「エイト周り」をつくる

新しいリレーについて集合時にクラスの子どもたちに話すと、シュンタロウは「自分で話す！ えーっとね…」と「エイト周り」の遊び方について話し始めます。皆、真剣に耳を傾け、聴き終わると「やりたい！」「後でやろう！」とのこと。自分の考案した遊びを受け入れてもらったシュン

タロウは「教えてあげるよ！」と、とても嬉しそうでした。

その日の午後、お弁当を食べると一一人の男女が集まりました。一斉に決められたコースを九秒以内で走るのですが（私が九秒をかなり長く数えています）、一回目に走り終わったときにシュンタロウが「しっかーく！」と、テツヤに向かって叫んでいます。どうやら小さな山に行くのを忘れてしまったようです（よく見ています）。いつもなら間違いを指摘されるとぶつかり合いになることもあるのですが、この日のテツヤは、黙って受け入れていました。

ところがその後の二回目では、シュンタロウはテツヤが間違えないように「こっちだよ」とコースを教えていました。子どもって凄いなと思います。こういった仲間同士の関わり合いがあり、互いに譲ったり受け入れていったりすることができるのだと感じます。

後から「しっかく」にされたら困ってしまう子もいるかと思ったので、もう一度シュンタロウにルールを整理してもらいました。すると、出てきたのは「大きな山はゆっくり登る（走ると滑るから）」「助け合う」の二つ。このルールの追加で、競争要素のリレーではなく、ハートフルな優しいリレーになっていきます。

それ以降、九秒以内にゴールしても、「あれ、シュウちゃんは？」

と誰かが気付くと、みんなで探しに行ったり、途中でカケルが山で滑っているのを見ると、皆で助けに行ったりするようになりました。

5　見えない線が見えてくる

子どもたちの声が挙がったことで始めたリレーが、バトンがつながれていく度に遊びのオモシロサが加わっていったようでした。その中で、やってみたいという思いがあふれ、子どもたちの心が動いていったことがポイントでした。

ふと、シュンタロウのことを振り返ってみました。すると、彼は最初の金メダル作りにも参加していたり、椅子に座っての冒険のリレーでは二階から旗を作って応援したりしていました。そのときはそれっきりでした。しかし、ここでの満足が次に足を運ぶきっかけになったのかもしれません。

よくよく見ないと見えない線が、点と点の間にできていたのかもしれない――そんなことを考えると、日々の子どもたちの遊びとしての表現を丁寧に受け止め、言葉にならない思いを感じていける、そんな保育者でありたいと思います。

2 保育の現場から②
「おやつをもってピクニックに行きたい！」
——子どもたちの「やりたい」気持ちから園の外へ

白梅学園大学附属白梅幼稚園　**深田美智子**

年度初め、年少組の担任三人でどんな一年にしたいか、熱く語り合いました。コロナ禍で制限はあるものの、子どもたちのやりたい思いを実現したり、関心を持ったことを深めたりするため、地域資源を使い、近場でもできる活動を探ろうと知恵を出し合いました。私たちの園は園庭が広く、大学の敷地内や、近くを流れる玉川上水沿いを散歩したりもするものの、もっと外へ出たい、そんな思いも保育者の中にはありました。

1　ピクニックしたい！

暑さが落ち着いた一〇月。外でお弁当を食べることが増え、「今度は違う場所でピクニックしたい！」という声が挙がりました。そこで、大学の中庭でピクニックができないかと、散歩の際に大学事務室へ行って子どもたちとともに交渉。実現できることになりました。一〇月末、お弁当を持って大学の中庭でピクニックをしました。たわわに実ったミカンの木を見つけ、嬉しそうに実をもぎ採ったトモキ。その姿を見つけ、次々に子どもたちがミカンの木に集まります。中庭にはミカンの他に、夏ミカン・金柑・鬼ゆずなど、たくさんの実がなっていました。手の届くところのものは子どもたちが採り、においをかいでみたり、大きさや色の違いに気付いたり。収穫したものはデザートとして、芝生に座ってみんなで分けて食べました。

　このことがとても嬉しかったようで、「次はおやつを持っていきたい！」とマナ。それを聞いたツバサは「サックサクのおやつがいい！」と言います。『面白いなぁ。サックサクのおやつってなんだろう？ 実現したいな』と私は思いましたが、その場では決めきれず、園に帰って相談してみることに。園に着くなり副園長先生を見つけ交渉が始まりました。「サックサクのおやつを持っていきたいの！」『サックサクのおやつって何？』「クッキーだよ」「サックサクの」と一生懸命伝えます。『おいしそうだね。でもみんなが食べられるかな？ ミカンなら幼稚園にもあるけれど。ミカンとかのフルーツじゃだめかな？』と副園長先生。そこで、その日の帰りクラスでみんな集まったときにもう一度話し合いをしました。

2 クラスでの話し合い

子どもたちとの話の中で感じたのは、「とにかく、おやつを食べたい！」という思いでした。ツバサはサックサクのクッキーが食べたいようですが、アレルギーの子もいます。『サックサクのクッキー、おいしそうだね！ でもマナちゃんは、食べられるクッキーと食べられないクッキーがあるんだよね？』と私がマナに聞くと、「マーちゃんは、牛乳がダメなの。でも豆乳は大丈夫！」。すると、コウが「コウくんは豆乳ダメ～」と言います。自分は何が食べられて何が食べられないのかよく知っていることにも驚きました。

少し間をおいて、ハルヤが「ジュースならみんな飲めるんじゃないの？ ハルくんは、何味でもいいよ」と言います。この声で、サックサクのクッキーはどこかへ飛んでいってしまい、みんなの頭の中はジュースでいっぱいになりました。「オレンジジュースにする？」「リンゴがいい？」「どこに買いに行く？」「お金は？」と盛り上がっていきます。あまり使えるお金がないことを話すと、「家からもってこようか？」「幼稚園のお財布に入ってる！（紙で作ったお金のこと）」「いや、それじゃ、買えないでしょ！ ピカピカのお金が必要なんだよ！」と口々に話す姿がありました。子どもたちの話す様子から、興味が深まっていくのを感じました。

買いに行けばいいという声もありましたが、自分たちで材料を用意し、作るプロセスの中に様々な気付きがあると思い、私は子どもたちにもう少し考えてほしくて、どうやって作るのか尋ねてみました。この日は金曜日。週明けまでこの思いは続くのか…と少し心配しましたが、月曜日登園してくるなり、「ミカンを絞って、お砂糖入れてお鍋でぐつぐつ煮ればいいって！」とツバサが話してくれました。みんなで話し合った結果、ミカンは大学の中庭に採りに行くことになり、砂糖は幼稚園には少ししかないため、買い物に出かけることになりました。

駅前のスーパーに行きたかったのですが、三歳の足で行くには少し遠く、どうしようか悩んでいました。そこで大学にある学園生協にお願いすることにしました。学園生協に園児が買い物に行くことは今までありませんでした。店長さんに子どもたちの計画を伝え相談すると、「すごいですね。是非協力させてください」とご快諾いただきました。砂糖は事前に私が買っておき、生協内のどこかに値札をつけて置いてもらい、買い物の疑似体験をさせてもらうことになりました。

3 ミカンジュース作り当日

ミカン狩りチームと買い物チームに分かれ、まずは開店に合わせて学園生協へ買い物に行きました。お金のことをよく話していたマコトがお財布を持ち、いざ七人で入店。初めての買い物にドキドキ。「お砂糖どの辺にある？」「アイスのところにあるんじゃない？」「お菓子コーナーじゃない？」必死に探し、砂糖を見つけました。このとき、外で待っていたミカン狩りチームにグーサインをして、見つけたことを知らせるショウタ。待っていた九人の仲間の気持ちを感じていたのだと思います。そしていよいよお金を払います。モジモジしてい

て一歩踏み出せないマコトの気持ちを察し、「こっちだよ。ナオキがいるから大丈夫」とナオキが一緒にお金を出してくれ、無事会計を済ませることができました。

　砂糖とレシートを手にし、大学の中庭へミカン狩りに。予定より多くのミカンを採り、かごはミカンでいっぱい！「マナが自分で持つ！」と、重いはずなのに二五個のミカンを頑張って持ち、幼稚園に戻りました。

　うがいと手洗いを済ませ、ジュース作りを始めます。子どもたちがやりやすいように、袋にミカンを入れ、つぶします。「汁が出てきた～」「ジュース!!」。ミカンの粒を逃がさないように親指でコウがしっかりつぶします（なんでこんなに上手なんだろうと彼の遊びを振り返ってみると、色水つくりの名人でした!!）。力が入りすぎて袋が破れることも…。みんなで絞ったミカンジュース。まずは砂糖なしを飲んでみることに。「おいしい～！」「ぬるい～（みんなの手で温まった？）」「ちょっとすっぱい！」とそれぞれに飲んだ感想を話し出します。
　そして、残りは砂糖を入れ煮詰めてみると…「最高においしい！」「今までで一番！」「でも、砂糖を入れたのに、なんでまだすっぱいの？」「まだ少し苦いね」と疑問を持つ子もいて、自分たちで作ったからこそ感じる疑問だなと思いました。

この日の出来事を家で話した子、家でもう一度作ってみた子、印象に残ったレシートをひたすら作った子、翌日のお弁当でお茶を飲むと「ミカンジュースの味がする‼」という子もいました。――自分たちで作るということがこんなに大きな感動をもたらすのだと、子どもたちが教えてくれたように思います。

ミカンジュース作りからしばらく経った日、袋に水と金柑を入れ、「また、ジュース作ろう！」と言ったタロウ。「今度また、サックサクのおやつ作ろう！」と思い続けていたツバサ。今もまだ、サックサクの探求は続いています。

4 プロセスを大切に。この地だからこその生きた体験を

子どもたちの「やりたい」を突き詰めていくと、時に「園の外」に向かう必要が出てきます。それは、私自身が経験したことがないことだったり、実際に園外に出ることであっ

たりします。二〇二〇年度は地域に出ようということは意識していましたが、「買い物」は現実的に考えて難しいかなと思いました。しかし、子どもたちの思いを他のクラスの先生たちに話したとき、本物の体験をすることの意味・大事さを再確認し、園の近くにある施設を活用することを思いつき、学園生協の協力を得ることができました。いつもなら「ない」と諦め、大人が用意することで安易に解決していましたが、「ない」なら「つくる」という発想や、「あるもの」「できること」に目を向けていくことで、実は自分たちの園の周りにも保育を豊かにしてくれる素敵な資源がたくさんあったことに気付かされました。

必要なことを省かずに、プロセスを見えるようにし、一緒にできることはすべて子どもたちと行ってきました。自分たちで収穫し、買い物に出かけ、自らの手で作り出す大変さや面白さ、苦労したからこその味、本物に出会うことのすばらしさを子どもたちが教えてくれました。地域に出かけ、地域の資源を使い、地域のことを知り、地域に還元していく、この土地・地域を大切にした取り組みを今後も考えていきたいと思います。

3 保育の現場から③「アゲハチョウの幼虫と謎の虫」
——大人が興味を持つことで、子どもの心も動いていく

白梅学園大学附属白梅幼稚園　大塚美帆

一〇月初め、テラスにある花壇の山椒の葉に、アゲハチョウが飛んできました。アゲハチョウが何度も葉っぱにおしりを付けているので、よく見ると、葉っぱの上に小さな卵が付いていています。数日後にもう一度見にいくと、白黒の小さな幼虫が生まれていたのです。その後、一週間で七匹もの幼虫が孵化しました。

私はもともと虫が大の苦手でした。子どもたちと過ごすうちに、園庭でよく見つけるダンゴムシやバッタなどは一緒に捕まえられるようになりましたが、幼虫などの虫は正直気持ち悪いと思っていて、いつも遠目で眺めているくらいでした。

「卵を産むところを見た」というこの発見から、いつもより少しだけ興味を持ち、担任をしていた年少組のクラスの子どもたちにも「アゲハチョウの赤ちゃんがいるんだよ」と知らせて、一緒に見にいくようになりました。

1 どうやって青虫になるのか見たい！

そんな一〇月半ばのある日、昼過ぎには白黒だった幼虫が、保育後の夕方になるといつの間にか緑色に変わっていたのです。その幼虫の変化を見て、「さっきまで白黒だったのに、なんで突然こんなにきれいな緑色になるのか……！」と衝撃を受けました。

翌日、クラスの子どもにも話すと「ほんとだ！」「緑になってる！」と驚いたり、「他の赤ちゃんもなるんじゃない？」と話していました。その通り、数日後には二匹目も緑色になったことで、私の中で「どうやって緑色になるのか見たい」という思いが強くなります。

この時点では、子どもたちも興味はあるものの、大人が声をかけることで一緒に見るといった様子だったので、どうしようか迷いはありました。しかし「実際に見られたら面白いはず！」という思いと、何より自分自身の「実際にどうなっているのか見たい！」という思いもあり、子どもたちと話して、定点カメラを置くことになりました。

次に脱皮しそうな幼虫をターゲットにカメラを設置したものの、そんなに上手くいくはずもなく、一日目、二日目と変化は見られません。そして三日目（一〇月最終日）の登園後、ついに色が変わる瞬間の撮影に成功します。

そして、通りかかった職員が「変わってるよ！」と気付いて教えてくれたことで、実際に変わっている途中にも立ち会うことができたのです。茶色がかった緑色の頭が出てきて、ムクムクと動きながら懸命に白黒の皮を脱ぎ、徐々に緑色になっていく青虫の姿に、本当に感動しました。聞きつけた他のクラスの子どもや大人も集まってきて、花壇の周りが人だかりになりました。

その日のうちに、撮影した映像をクラスの子どもたちと改めて見てみると、「おめめ出てきた！」「もう頭できてる！」「こうしてるね（ムクムクと動く真似）」とだんだん変わっていくのがよくわかり、「すごい！」と驚いたり、

イツキやコウタなど虫好きの子が見入ったりする姿もありました。子どもたちと「何て呼ぼうか？」と考え、この日脱皮した子を「あおちゃん」、次に緑になる子を「みどりちゃんにしよう」と名前も付けました。

この出来事を境に、子どもたちの興味も高まっていき、青虫の変化を目の当たりにしたことで、私もすっかり青虫のことが可愛くなりました。

2 虫たちの変化から、疑問が生まれていく

そんなある日、七匹いた青虫がいつの間にか五匹しかいないことに気付きます。「どうしたんだろう?」「迷子かな?」と子どもたちと心配していたところに、山椒の葉っぱから脱走して地面を歩く青虫も出てきて、「このままで大丈夫かな?」という疑問が生まれます。そんな一一月半ば、偶然にも園内で他学年に向けて、近隣にある朝鮮大学校から虫の専門家の韓昌道(ハンマサミチ)先生がお話に来てくださる日がありました。

実はこのとき、散歩で拾ったどんぐりから出てきた三匹のどんぐり虫をクラスで飼っていました。毎日、手のひらに乗せて様子を見たり、ままごとの食べ物をあげてみたり、工作でどんぐり虫を作ったりして、可愛がっていく姿がありました。しかし、青虫がいなくなったのと同時期にどんぐり虫が二匹動かなくなってしまい、「なんでだろう?」「お熱出ちゃったのかな…」「ごはんあげないとだめなんじゃない?」という疑問が出ていました。そんな子どもたちの様子から、韓(ハン)先生に自分のクラスにも寄ってもらうことはできないかと園長にお願いし、お話を聞けることになりました。

当日先生に花壇の青虫を見てもらいながら、集まった数人の子と一緒に質問しました。

「青虫が大きくなるには完璧だけど、ここでは蛹にならない」「どんぐり虫が大きくなるには土が必要」など教えていただき、それをクラスの集まりで全員にも伝えました。すると、シュウやコウタが「どんぐり虫入れる！」と園庭の畑の土を容器に集めました。青虫も「もう少しで蛹になりそうだから、虫かごに移しても大丈夫」と教えてもらったので、毎朝登園すると真っ先に青虫を見ていたイツキを中心に、青虫を部屋の中へと引っ越しさせました。自分たちが飼っていた虫について、具体的に話が聞けたことや疑問に思っていたことがわかったことで、興味のある子を中心に動き出していく姿がありました。

3　謎の虫事件から、自分たちで探求していく

引っ越した青虫も次々と蛹になり、様子を見続けていた一二月の初め。あおちゃんとみどりちゃんの蛹が入っている虫かごを覗くと、謎の虫が！　登園した子どもたちも「何かいる！」と騒ぎになり、虫かごの周りに集まります。白っぽくて小さな幼虫が動く姿に「何これ？」「変な虫！」「何か生まれたの？」「入ってきたんじゃない？」とそれぞれに思ったことをつぶやく中、多かったのが「どんぐり虫が逃げたんじゃない？」という声でした。

確かに何となくどんぐり虫に似ているうえに、蛹の虫かごとどんぐり虫の容器は隣に置いてありました。そこで、「逃げたのかもしれない」「(土の中に) いるかどうか見てみよう！」と、コウタ、シュウ、ヨシマサ、ユキ、ヒロヤ、ハルキの六人が解明に乗り出しました。

どんぐり虫の容器から土を出して探していくと、一匹は見つかりましたが、他のどんぐり虫はなかなか見つからず (ちなみに土に入れた時点で、どんぐり虫は四匹いました)「いないよ」「やっぱり逃げたのかもね！」という考えが子どもたちの中で強まっていきます。

そこで、ヨシマサとコウタが、見つけたどんぐり虫と謎の虫を見比べ始めたのですが、このときの会話がまた面白かったです。よく見ると、謎の虫のほうが少し大きく細長い姿をしていたので、「どんぐり虫がこの大きさになったのかも」「でも、どんぐり虫とちょっと違う…」「動きがなんか違うんじゃない?」「やっぱり大きさも大きいよ」「じゃあ、変な虫かもしれない！」と、子どもたちなりによく見て考えていきます。

そして、子どもの間では「どんぐり虫とは何か違う」という結論になりつつありましたが、「じゃあこの虫は何か?」という疑問が残ります。そんなとき「韓(ハン)先生に聞いてみたい！」と、以前虫

の話を聞いたことを思い出したコウタ。周りの子も「いいね！」「そうしよう！」と盛り上がります。

私も良い考えだと思いつつ、そんなに急に連絡が取れるのかなど現実問題が頭をよぎり一瞬迷いましたが、子どもたちの勢いもあってやはり実現させたいと思い、コウタたち数人と一緒に園長にお願いに行きました。すると実際に園長から韓先生にメールでお願いしてもらえることになり、なんとその日のうちにビデオ通話でお話が聞けることになりました。

約束の時間に子どもたちと集まって韓先生に電話をかけました。朝からのことを話しながら画面越しに謎の虫を見せると、すぐに正体が寄生バエ（青虫に寄生したハエの幼虫）であることがわかり、「これだよ」と、蛹と寄生バエの標本まで見せてもらいました。

これには子どもたちも見入っていて、青虫がどうやって寄生されたのかをわかりやすく教えてもらいました。二〇分ほどの通話を最後まで聞き入っている子も四、五人いて、他にも「このままで大丈夫？」と心配していたどんぐり虫の飼育方法について質問したり、様々な虫の話を聞いたり、子どもも大人も新たな発見と驚きがたくさんあった一日でした。

4　大人が興味を持つことで、子どもの心も動いていく

このエピソードを通して、私の中の虫に対する見方は劇的に変わり、「興味を持つこと」や「知ること」の大きさを感じました。子どもたちの興味の持ち方は勿論それぞれで、私も虫を通してクラス全員で何かしようと思ったわけではなく、何気ない発見から興味を持ったことを、日常の数ある遊びの一つとして、一緒に楽しんでいければと思っていました。

一緒に見ていくうちに子どもたちも気にするようになり、自ら興味を持って関わるようになったり、クラスの中で話題になることで、いろいろなことを話すようになっていきます。疑問を持ち、自分たちで考えていく姿や動いていく姿が出てきて、その中で様々なことを感じている子どもの姿がありました。蛹の羽化やどんぐり虫が成虫になるのはあと数か月先のことなので、その間にもどうなっていくのか、今後の様子も楽しみです。日々新たなことに出会っていく子どもたち。これからも、そんな日々の気付きや発見を子どもたちと一緒に楽しみながら過ごしていきたいと思います。

子どもと保育者のやりたい気持ちが保育をつくる

白梅学園大学　佐久間路子

「保育の現場から①」（九〇頁）では、子どものやりたい気持ちから新たなリレー遊びが生まれ、展開しています。保育者の願いが届かないこともありますが、いくつものきっかけづくりが、子どもが自ら遊びを作っていく土台になっています。シュンタロウの心の中に潜んでいた思いは、保育者の声かけからあふれ出し、新しい遊びを受け入れてくれた仲間とともに、形になっていきます。「助け合う」ことがリレーのルールになるとは思いもしませんでしたが、ルールは自分たちで決めるもの。自分たちで作ったルールで遊んでいるからこそ、遊びが面白くなっていくのだと思います。

「保育の現場から②」（九八頁）の実践から、まず感じるのは、子どもにとって幼稚園が楽しさでいっぱいであることです。子どもの表情や言葉から、活動を主体的に楽しんでいる子どもの姿がいきいきと伝わってきます。仲間を応援する姿や経験を自信に変えていく頼もしい子どもの姿も見られます。そしてこの実践のポイントは、地域（社会生活）との関わりです。この関わりは、子どものやりたい気持ちをかなえたいという保育者の思いから生まれています。子どものやりたい思いを実現していく保育者と地域の人々の力が、子どもが安心して力を発揮できる世界を拡大させていくのだと感じました。

「保育の現場から③」(一〇六頁)は、保育者の感動と探究心から生まれた実践です。保育者の熱意が子どもに伝わり、子どもの探究心を刺激しています。保育者が、子どもの疑問を拾い上げ、一緒に調べ、専門家の話を聞く、このような過程で、子どもの興味が知識として深まっていくことがよくわかります。またこの体験を支えているのが、機器の活用です。目の前の自然を実体験するだけでなく、見逃してしまうような瞬間を定点カメラで記録することや、園外の専門家にビデオ通話で話を聞くなど、子どもの「知りたい」を可能にするために機器が重要な役割を果たしています。新しい技術の活用から今後も新たな保育の展開が期待されます。

これらは年少児と年中児の事例ですが、幼児期の終わりまでに育ってほしい10の姿が、様々なところに芽生えています。ぜひ10の姿とともに、事例を読み直してみてください。

そして、これらの事例を読み終えたときに聞こえてくるのは、「今日も楽しかった」「明日も幼稚園にいきたい!」という子どもたちの声です。やりたい思いを実現しながら園生活を存分に楽しむ子どもたちと、ともに成長していく保育者。このような実践を積み重ねていくことを、これからも応援していきたいと思います。

4 保育者に知ってほしいこと①
「印象」の落とし穴

白梅学園大学　倉澤寿之

1 スキーマとしての印象

第一印象が大事ということは誰でも感じていると思います。良くない第一印象を与えてしまったために、後々まで関係をうまく作れなかったという経験は誰にでもあるのではないでしょうか。

そもそも人の印象というものはどう作られるのでしょうか。当然、印象はその人に関する様々な情報の集まりとして形成されるものですが、単なる寄せ集めではありません。情報がある種の「まとまり」として形成されると、それ自体が機能を持ち始めます。認知心理学ではこうした情報のまとまりのことを「スキーマ」と呼びます。

人の性格を血液型から判断する風潮が広まってかなり時間が経ちます。最近では、そうしたいわゆる「血液型性格診断」というものには根拠がないということが知れわたってきたようですが（実際多くの研究により関係があるとは言えないことが示されています）、今だにA型几帳面、B型おっちょこちょい、O型明朗、AB型神経質といった印象を頭の片隅に持ち続けている人もいるのではないでしょうか。この場合、「A型（B型…）の人はこういうタイプだ」といったスキーマができていることになります。

血液型別の性格タイプのスキーマがどうやって出来上がるかという点も興味深いのですが、ここでは出来上がったスキーマが果たす機能について見ていきます。スキーマが一旦形成されると、後から入ってくる情報の扱い方に影響が出てきます。簡単な例としては、既にあるスキーマに一致する情報は記憶に残りやすいといったことがあります。

例えば、A型几帳面というスキーマを持った人にとっては、A型の人が几帳面な行動をしたときのことが記憶されやすいということです。その人はいつもいつも几帳面な行動をするわけではなく、几帳面ではない行動を取ることもあるわけですが（そもそもA型と几帳面に関係はないのですから）、そうした几帳面ではない行動は既にあるスキーマに合わないため、記憶に残りにくくなります。そうすると、A型几帳面という記憶だけがたまっていくことになり、ますますA型の人は几帳面であるという誤解が強められていくことになります。

2　外見による印象

人の印象を決める大きな要素に外見があります。きれいなもの、美しいものに心を動かされるのと同じように、美しい人、かっこいい人、かわいい子どもなどを見ると、とても好ましい人という印象を持ちます。第一印象の大きな要素と言えるでしょう。

こうした外見の良し悪しがどういった印象を生むかについての研究は昔から多く行われていて、そこで言われているものの中に「ハロー効果」があります。これは、何か際立った特徴を持っている人がいると、その特徴が他の側面についての評価にも影響を与えるというものです。具体的には、美人やかわいい子どもは性格も良いと評価されがちになるといったことです。「ハロー」とは英語の"halo"で、後光とか光輪といった意味です。ドラマや映画で神様が登場するシーンは後ろからライティングされて、とても眩しく描かれますが、あれがハローです。つまり、光り輝く特徴が他の細かい特徴をすべて覆い隠してしまうわけです。

ハロー効果に関する研究には、同じいたずらをしても、外見の良い子どもは外見の良くない子より好意的に評価されるといった実験結果や、同じ犯罪を犯しても、美人のほうが

刑が軽くなるといった模擬裁判結果があったりします。

以上、人の印象について誤解の話ばかりしてきましたが、もちろんスキーマや外見は常に誤解のもとになるというわけではありません。スキーマはそもそも多くの情報をもとに形成されたものですから、経験知として有効なものも多くあるでしょうし、屈託のない笑顔など内面の良さを表す外見の良さもあるでしょう。ただ、人の持つ印象には落とし穴もあるのだということを、特に子ども、保護者、同僚、上司など多くの人と関わる職業の方には常に心にとどめておいていただきたいと思います。

5 保育者に知ってほしいこと②
保護者を支えるということ

白梅学園大学　福丸由佳

1 「今」を支えることは、この先の「いつかどこかで」にもつながっている

保育者は子どもにとってはもちろん、日常的に関わる保護者にとっても大切な役割を果たしています。「保護者を支える」「子育て支援」というと、何か特別な印象を持たれるかもしれませんが、日々のさりげないやりとりにこそ、保護者の支えにつながることがたくさんあるのです。ここでは、そのようなときに大切にしたいことを考えたいと思います。

まず、当たり前のことながら、多くの保護者にとって親としての経験は子どもの年齢とほぼ同じ、違ってもせいぜい数年程度であるということです。子どもの夜泣きや病気のときの対応、イヤイヤ期のてこずり、仕事と子育てのやりくり、孫の誕生を機に増えることの多い祖父母世代との関係…。また、夫婦二人の時代より喧嘩が増えたという声もよく耳にします。つまり、親になったこの数年間で実に多くの変化を経験し、試行錯誤しながら頑張っている存在でもあるのです。子育て情報があふれて混乱しがちな昨今、コロナ禍で

の子育てを経験し、不安や閉塞感をさらに感じている保護者も少なくないかもしれません。
また、保育者に見せる保護者の姿も、日ごろから気軽に保育者とやりとりする人、あまり関わろうとしない人、中には強い口調やネガティブな態度を示す人、など様々で、同じ人でも状況によって違うこともあるでしょう。特に、保護者からの怒りなどのネガティブな言動が向けられることは、多くの保育者にとって、困惑や傷つきになるものです。このようなとき、実は保護者自身の困り感や負担感が、怒りやネガティブな言動として表れてしまうということも少なくありません。強い態度やネガティブな言動の背景には、親自身の抱える不安、誰かにわかってほしい、認めてほしいけれど…といった気持ちが関わっ

ているこどもあるのです。

一方、保育の中で見え隠れする子どもの姿や出来事が気になったり困ったり、保護者と共有する必要があると感じる場面もあるかもしれません。気になること困ることがあればなおさら、保育者からそのことを伝えようとするだけでなく、保護者の声にも耳を傾けることが求められるでしょう。もちろん、保護者が気付いていないこともありますが、集団の場で見える子どもの姿と家での様子はまた違いますし、保護者の話から何か工夫することが見つかるかもしれません。子どものことを一番知っているのはやはり保護者です。いいチームワークづくりのためにも、保護者の話を聴くことや保護者から教えてもらうといったスタンスで情報交換することも大切でしょう。

このように考えると、日ごろの何気ないコミュニケーションの積み重ねが改めて意味を持ってきます。例えば、保育場面で見える子どもの成長や素敵な言動などは、保護者との会話や日々の保育ノートの中で、ぜひ積極的に伝えられるといいですね。子どものいいところをちゃんと見てくれている、これは多くの保護者にとってやはり嬉しく、保育者に対する信頼感や安心感にもつながります。また、日中それぞれの時間を過ごした親子に、帰宅後のあたたかな時間や会話ももたらしてくれることでしょう。

自分自身の子育てを振り返ると、保育者の存在は大きかったと改めて思います。ふとした労いや温かい声かけをもらい、嬉しかったり気持ちが楽になったりということもありました。でも、無我夢中だった当時の自分は感謝の気持ちを伝えることはもちろん、それに気付く余裕さえなかった気がします。保育者の日々の営みは、必ずしも「今」の親子だけではなく、「いつかどこかで」にもつながっているのだと、時間が経った今、感じています。

2 保育者のセルフケア

最後にもう一つお伝えしたいこと。それは保育者自身のセルフケアです。保育の仕事は感情労働と言われますが、自分に余裕が持てなかったり周りの理解が得られないまま頑張らざるを得なかったりすることで、知らず知らず無理をしてバーンアウトする（燃え尽きる）こともあるかもしれません。子育ての一番大変な時期に伴走してくれる保育者は、保護者にとっても大切な存在であると同時に、お互い不完全さを持つ一人の人間です。自分の得手不得手や、できることとできないことを意識しつつ、同僚や先輩・後輩に、時には保護者にも支えられることも必要です。また、仕事とは関係のない人との関わりや気分転換の時間を持つなどのセルフケアも、広い意味での保護者支援につながると言えるでしょう。

6

保育者に知ってほしいこと③

インクルーシブ保育

白梅学園大学　堀江まゆみ

1　インクルーシブを保育の実践に活かすということ

身近な地域の保育所や幼稚園に障害のある子たちが通うことは、今はもう日常の保育の姿です。一人ひとりの発達や障害の特徴の違いに戸惑うこともありますが、毎日の保育実践の積み重ねの中で、より適切な関わり方を得ていく体験は、どの保育者も経験していることと思います。インクルーシブとは、「社会の中で、価値のある存在として互いが位置付くこと」という意味でもあります。一緒であるとともに、障害のあるなしにかかわらず、互いに意味のある存在として「win-winの関係」になることが、とても大事だということです。

ある保育所の四歳児クラスのダウン症のひろくん。歩くよりペタッと座るほうが気持ちよく、朝はブロック箱の隣に座って一人でガラガラと遊んでいます。他の友だちはみんな園庭で遊んでいて、ひろくんは眼中になし。インクルーシブ保育とは思えない光景が続きます。でもよく観察していると、園庭で友だちとけんかをして泣き出した四歳児が、いつもの定位置にいるひろくんのそばに駆け寄って座り込み、ぽにょぽにょしたひろくんの腕にしがみついては一緒にブロック遊びをひとしきり。心が落ち着いたらまた園庭に飛び出していく。見ていると何人もそれを繰り返しています。

泣きたい四歳児にとっては、ひろくんは「安心の居場所」であり、ひろくんにとっては「ちょっと遊べる」友だちがちょうどいい。長くいられるとそれもいや。絶妙なｗｉｎ-ｗｉｎの関係が成り立っています。実はこれ、四歳児とひろくんを両方見ていた保育士が半年かけて意図して作った「お互いが意味のある存在」のインクルーシブな関係性なのです。なるほどです。

2 インクルーシブ保育はユニバーサルデザインであるということ

最近の保育環境では、自閉スペクトラム症へのＴＥＡＣＣＨプログラムが応用されていて、絵カードなどの視覚教材やクールダウン部屋などをよく見かけます。障害への合理的配慮であるとともに、どんな子にもわかりやすい環境です。障害のあるなしにかかわらず、必要な支援を最初から共通させることがユニバーサルデザインです。

インクルーシブ保育をユニークに進めているある園は、こんなこともユニバーサルデザインで進めています。年長児になると障害がある、あるいは発達が気になる子の親が、園に申し出て保育者と一緒に作成する「就学支援シート」。小学校への個別支援のバトン代わりになります。でも園長も「特定の子だけ書く」のは躊躇します。そこで園長は、年長児の四月になるとクラス全員の親に「こういう便利な就学支援シートというものがあります。お子さんのことを書いて小学校の先生に伝えるもの。書きたい方はどんどん書いてください」と伝える。多くの親は障害があるなしにかかわらず、わいわいと楽しそうに書いて出してきます。園長はそれを全部、小学校の校長に渡し、「このうち、特別支援が必要なお子さんは一部ですが」と説明するそうです。障害のある、あるいは気になる子の親にとっては、この大胆なユニバーサルデザインの発想にどれだけ救われているか。インクルーシブもユニバーサルデザインも、子どもや親たちのためにあるのです。

3 医療的ケアを必要とする子どものインクルーシブ

ある信頼できる園長が「最後のインクルーシブは、医療的ケアの子ども」「今まで様々な障害のある子を受け入れてきたが、医療的ケアの子の保育をしっかり実践できるようになったら、うちのインクルーシブ保育は本物になる」と小さくうなずきながら教えてくれました。

医療的ケアの子が保育所・認定こども園で保育を受けることは、年々増えてきています し、国の施策も進み、児童発達支援事業所や地域の医療の協力も得やすくなってきていま す。また医療的ケアの子と言っても、吸引などのケアが適宜必要な子どももいれば、知的に遅れがなく友だちと走り回って遊べる子、など必要な支援は様々です。また、家庭の状況や取り巻く環境、ニーズもそれぞれ異なっています。

保育者にとって医療的ケアの子を受け入れることは難しさだけでしょうか。

最初、あるベテランの保育士が「これはやるべきだ」と率先して医療的ケアの子を受け入れ、孤軍奮闘して一年が経過。医療的なケアの行為に不安があった若い同僚保育士たちでしたが、ついには、次年度は自分たちも担当をやりたいと手を挙げてきたというのです。若い保育士たちの気持ちを動かしたのは、一緒に過ごすまわりの子どもたちが、当たり前のように、友だちの医療的ケアの行為をそばでのぞきながら見守り、担任保育士と一緒に、楽しそうにできる限りの手伝いをしてくれていた姿だったそう。子どもたちに学ぶ、です。

7 保育者に知ってほしいこと④
子どもの発達をとらえ、保育者の関わり方をよくしていくには

白梅学園大学名誉教授　無藤　隆

乳幼児の保育・幼児教育を進めるには、幼稚園教育要領や保育所保育指針などとその解説を学んでほしいと思います。そしてその考えを活かすには、乳幼児期の子どもの発達の基本を理解し、保育者が直接にまた環境を通して間接的にどのように関わったらよいのか、その改善の仕方を試していくことが必要になります。特に子どもの主体性を大事にするということの意味を把握することが要領・指針の精神を活かすことにつながります。

1 子どもの主体性の育ち

子どもは、もちろん大人と比べれば未熟です。ですが、たとえ乳児であっても人間としての基本を備えていることは、過去の半世紀の発達研究で見いだされてきたことです。ただ、その元の状態のままではなく、そこから子どもの心（知性と感情と社会性）は大きな変貌を遂げて、特に幼児期の後半になると、社会の価値観を取り入れて、その後、学校教育や

地域での活動を経て、社会人としての大人になっていくのです。その当初から主体的な人間であるけれども、同時に育っていく存在でもあるのです。しかもその乳幼児期の育ちは、大人とのやり取り、同年代の仲間との交渉、また周りに置かれる玩具・遊具や日常の品や自然物などの「もの」との関わりから、子どもが学ぶことにより成り立つのです。

その道筋は緩やかには乳児から幼児そして児童へと一定の流れがあるのですが、同時に、子どもの持つ元々の気質(性格のもと)による個人の差があり、そしてもちろん個々の親のあり方、家庭環境の違いも大きく、そこから幼児教育施設(幼稚園・保育所・認定こども園など)に入っても、その関わり方や受け止め方が変わっていきます。そしてそこで出会う友だちや保育者、また「もの」としての環境も様々でしょうから、個々の子どもの成長の道はかなり個性的な違いもあるのです(このあたりはゴプニック[1]を参照)。

子どもは初めから主体的なのですが、その主体性は同時に発達していくものであるのです。発達心理学者のトマセロ[2]の理論によると、人類は互いに依存し合う関係の中で進化を遂げてきたので、そもそも自分と相手がともに同じものに関わることを感じ取るという「共同志向性」が成り立っています。今、同じことに注意を向け、その同じことに関わっていることをもわかっていると、そこから一緒にやっていくということが可能になります。そこから次に、共同して作業し、相手に同情と公平感を持つ「二人称の主体」を○歳の終わりくらいから三歳以前までに備えるようになります。互いに相手に思いやりを感じ、さらに相手からの見方を考慮して、振る舞うようになると、相手からの期待をお互いに守るようになり、安定した二者関係が育っていき、二人の間で共同作業がより巧みにできるようになります。親子、二者としての友だち、子どもと保育者の間などで共同が可能となります。その上で、三歳以降徐々に、集団としての仲間の活動に参加する中で、その集団としてのルールを守ろうとするようになります。その集団とは背景に社会そして文化のあり方があるという意味で「文化的主体性」と呼ぶことができます。特に五歳過ぎくらいまでの時期に発達します。そこでは家庭での人間関係の上に集団としての人間関係が成り立つことが重要になるのです。そして、そのルールを場面に応じて守ろうとすることは、自分の知的な力により自分をコントロールすることとともに、社会的なルールを取り入れてコントロールする必要があり、学校そして社会で必要な自己のコントロール力が育つのです。

2 子どもの導き手としての保育者

乳幼児期の教育とは特定のことを決まった手順で大人が教え、それを子どもが理解し覚えるというよりは、そういうことを一部には含みつつも、もっと広く生活のいたるところで子どもがそこにあるものと関わり、やりたいことを思いついてやってみること、また大人や仲間とともに生活し、その振る舞いを真似てみること、さらに遊びを通して誤りを含めていろいろに試す機会が豊富にあることで、その発達の基盤が育つことがわかります。学ぶべきことを自覚し、それに向けて効率的に学ぶことはその土台の上で可能になることなのです。そこから自分の考えや感じ方の自覚が明確なものとなり、小学校以降の学校教育の基盤が形成されます。

大人である保育者はそういう意味で子どもの活動の導き手であり、社会・文化の代表者です。その導きが子どもの主体性の成長を尊重しつつ、成長を可能にしていくには、保育者自身が自分が子どもへの願いを持って関わる主体であることを自覚して、子ども側の主体性を伸ばすことに向かっているかどうか、保育を振り返り見直すことが大事になります。

1 アリソン・ゴプニック著、渡会圭子訳『思いどおりになんて育たない』森北出版、二〇一九年
2 マイケル・トマセロ著、中尾央訳『道徳の自然誌』勁草書房、二〇二〇年

執筆者一覧

●編著者

佐久間路子（白梅学園大学子ども学部発達臨床学科教授）

●著　者

松田佳尚（白梅学園大学子ども学部発達臨床学科教授）　STEP1-1
江上園子（白梅学園大学子ども学部発達臨床学科准教授）　STEP1-2
佐久間路子（上掲）　STEP1-3～5、STEP2-1、2-2-1、2-3-1、STEP3-事例コメント
廣澤満之（白梅学園大学子ども学部発達臨床学科准教授）　STEP1-6
橋本陽介（白梅学園大学子ども学部発達臨床学科准教授）　STEP1-7
坂上裕子（青山学院大学教育人間科学部心理学科教授）　STEP2-2-2
宮田まり子（白梅学園大学子ども学部発達臨床学科准教授）　STEP2-3-2
西井宏之（白梅学園大学附属白梅幼稚園教諭）　STEP3-1
深田美智子（白梅学園大学附属白梅幼稚園教諭）　STEP3-2
大塚美帆（白梅学園大学附属白梅幼稚園教諭）　STEP3-3
倉澤寿之（白梅学園大学子ども学部発達臨床学科教授）　STEP3-4
福丸由佳（白梅学園大学子ども学部発達臨床学科教授）　STEP3-5
堀江まゆみ（白梅学園大学子ども学部発達臨床学科教授）　STEP3-6
無藤　隆（白梅学園大学名誉教授）　STEP3-7

〈掲載順／職名は執筆時現在〉

●本文イラスト

まえじま ふみえ

●編著者プロフィール

佐久間路子（さくま・みちこ）

白梅学園大学子ども学部発達臨床学科教授。
2003年お茶の水女子大学大学院人間文化研究科修了。博士（人文科学）。
白梅学園短期大学心理学科、保育科を経て現職。
専門は発達心理学、特に自己概念の発達。

【主著】
『乳幼児のこころ—子育ち・子育ての発達心理学』（共著）有斐閣、2011年
『自尊感情の心理学：理解を深める「取扱説明書」』（共著）金子書房、2016年
『10の姿プラス5・実践解説書』（共著）ひかりのくに、2018年
『育てたい子どもの姿とこれからの保育』（共著）ぎょうせい、2018年
『生活のなかの発達：現場主義の発達心理学』（共著）新曜社、2019年

イラストBOOK たのしい保育

子どもの「こころ」をのぞいてみる

令和3年5月10日　第1刷発行

編　著　佐久間路子

発　行　株式会社ぎょうせい

〒136-8575　東京都江東区新木場1-18-11
URL：https://gyosei.jp

フリーコール　0120-953-431
ぎょうせい　お問い合わせ　検索　https://gyosei.jp/inquiry/

〈検印省略〉

印刷　ぎょうせいデジタル株式会社

ISBN978-4-324-10990-8
(3100552-01-001)
〔略号：たのしい保育（こころ）〕